改訂版
野菜ソムリエ
公式ガイドブック

日本野菜ソムリエ協会

日本能率協会マネジメントセンター

"知ることは、おいしく食べる第一歩"

　鮮やかな色合い、みずみずしい食感、甘みと酸味、ほのかな苦み。
　野菜・果物は、毎日の食生活に欠かせない存在です。
　よりおいしく食べるためにも、野菜・果物について学ぶべきことはたくさんあります。それぞれの旬や、品種、栄養素、なりたち、正しい保存方法など……。

　さて、どれほど知っているでしょうか？
　食に関して正しい知識を持つことが求められている今、自分で情報を取捨選択できる力を身に付けることが大切です。

　野菜ソムリエの講座では、各分野に精通した専門家によってカリキュラムが組まれています。これらの講義を受講し、野菜・果物のことを学んだ野菜ソムリエは、家庭や地域コミュニティ、料理教室などそれぞれのステージで野菜・果物の大切さ・おいしさを伝えています。

　この本では、野菜ソムリエはどんな資格なのか、資格取得までの流れや講座の内容、学習のポイントなどをまとめ、野菜の事典や腕試しのクイズとともに1冊にまとめました。
　野菜ソムリエに興味がある方はもちろん、野菜・果物が好きな方や、家族の健康を守りたい方も、本書を読むことで、賢く健康的なライフスタイルに近づくきっかけになればと思います。

2016年9月

日本野菜ソムリエ協会

改訂版　野菜ソムリエ公式ガイドブック　目次

第1章　野菜ソムリエとは？
野菜ソムリエについて知りたい！

　野菜ソムリエって何をする人？……… 8
　野菜ソムリエになるには ……… 11
　野菜ソムリエ（総称）の活動 ……… 13

活躍する野菜ソムリエ

　野菜に魅せられ主婦から転身！……… 14
　農家初心者だから伝えられることがある ……… 16
　産前産後の女性をサポートする料理教室のスペシャリスト ……… 18
　食と住のプロとして自分だけが伝えられること ……… 20
　さまざまなチャネルを利用し野菜の魅力を「伝える」……… 22
　得意分野を活かして野菜ソムリエのさらに向こう側へ ……… 24
　野菜ソムリエとして夢の海外での活動 ……… 26

野菜ソムリエになったら〜その後の活動と、学びの場〜

- ・基本を知ろう・学ぼう …… 28
- ・食べて学ぶ …… 29
- ・自宅で継続してスキルアップ …… 30
- ・地域活動に参加する …… 31
- ・農業・農産物を応援 …… 32
- ・資格取得後の仕事 …… 33
- ・子どもから子どもへ …… 34
- ・活動の成果を発表 …… 35
- 《講座申し込み方法》…… 36

第2章　野菜・果物の事典

野菜と果物について知りたい！

淡色野菜

キャベツ …… 38	タマネギ …… 40	タケノコ …… 42
キュウリ …… 44	レタス …… 46	ナス …… 48
レンコン …… 50	ゴボウ …… 52	ダイコン …… 54
ネギ …… 56	ハクサイ …… 58	

緑黄色野菜

サヤインゲン …… 60	アスパラガス …… 62	ニラ …… 64
トマト …… 66	ピーマン …… 68	カボチャ …… 70
ニンジン …… 72	ホウレンソウ …… 74	ブロッコリー …… 76

イモ・キノコ類

| ジャガイモ …… 78 | サツマイモ …… 80 |
| サトイモ …… 82 | シイタケ …… 84 |

果物

| バナナ …… 86 | イチゴ …… 88 | リンゴ …… 90 |
| ナシ …… 92 | ミカン …… 94 | ブドウ …… 96 |

COLUMN もっと知りたい！ 野菜の話 …… 98

第3章　野菜ソムリエの講座とは？ 学習方法が知りたい！

- 自ら楽しみ、伝えるベジフルコミュニケーション …… 100
- 野菜・果物そのものに触れるベジフル入門 …… 104
- 野菜・果物と栄養の関わりを知るベジフルサイエンス …… 108
- 料理の幅も広がる！ベジフルクッカリー …… 112

COLUMN もっと知りたい！ 果物の話 …… 116

第4章　腕試しベジフル問題 自分の知識をチェックしたい！

付　録
- 日本野菜ソムリエ協会認定 料理教室 ……… 167
- 日本野菜ソムリエ協会認定 レストラン ……… 170
- 日本野菜ソムリエ協会認定 青果店 ……… 172

第1章
野菜ソムリエとは？

野菜ソムリエはどんな資格でしょうか？
まずは、資格の概要と、先輩野菜ソムリエたちの活躍の様子、
取得後の活動について紹介します。

野菜ソムリエって何を

野菜ソムリエはどんな人なのでしょうか?
「野菜や果物に詳しい人」と思っている方が多いでしょう。
もちろん野菜・果物のことを学びますが、それだけではありません。

野菜・果物の魅力を知り、伝えるスペシャリスト

「野菜ソムリエ」とは、日本野菜ソムリエ協会が認定する世界で唯一の資格で、「野菜・果物の知識をもち、その魅力や感動を周囲に伝えられる人」のことを指しています。ただ野菜・果物の正しい知識を得るだけではなく、それを「伝えること」も野菜ソムリエの役割としているのには、理由があります。それは青果物における複雑な流通形態もありますが、時代背景が大きく影響しています。核家族化による家庭内の伝承の衰退や、青果店などの店頭での対面販売の減少、大型スーパー等のセルフ販売の増加により、生活者のもとに野菜・果物の情報が届きにくくなっているのです。こうした分断された情報の溝を埋め、野菜・果物の魅力を伝えることが、野菜ソムリエの役割として求められています。野菜ソムリエになった時、野菜・果物が「好き」という個人としての興味から、さらに「生産者と生活者をつなぐ架け橋となる」という社会的な使命を持つことになるのです。

生活者とは?

一般的には、野菜・果物を作る農家さんたちのことを指す「生産者」に対して、購入し食する人たちのことを「消費者」と呼んでいますが、日本野菜ソムリエ協会では消費者のことを「生活者」と呼んでいます。消費することそのものよりも、消費というひとつの手段によって充実した幸せな生活を送ることが目的との考えからです。

する人？

第1章 野菜ソムリエとは？

こんな方におすすめです！

- ☑ 野菜のことをもっと知りたい。
- ☑ 仕事に役立つ知識を身につけたい。
- ☑ 食に関わる仕事に就きたい。
- ☑ 健康な体作りをしたい。
- ☑ コミュニケーション能力を高めたい。
- ☑ 何か始めたい。変わりたいと思っている。

資格受講者210人に聞きました！
受講の目的とその後は？

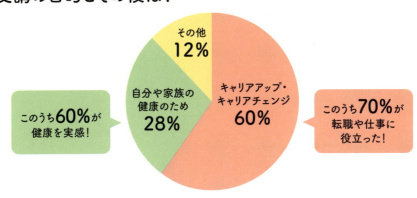

- その他 12%
- 自分や家族の健康のため 28%
- キャリアアップ・キャリアチェンジ 60%
- このうち60%が健康を実感！
- このうち70%が転職や仕事に役立った！

※資格取得者210人にアンケートを実施（2016年6月）

受講生データ

野菜ソムリエの講座を受講している方々の属性データを見てみましょう。食関係の職業の方ばかりではなく、これから新たに食を学ぼうという方が多いようです。

◎性別

- 男 22%
- 女 78%

◎年代

- 10代 2%
- 20代 27%
- 30代 37%
- 40代 20%
- 50代 11%
- 60代以上 3%

◎居住

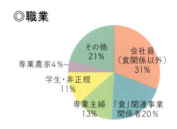

- 北海道 4%
- 東北 6%
- 関東 41%
- 甲信越・北陸 5%
- 東海 11%
- 近畿 16%
- 中国 4%
- 四国 3%
- 九州(沖縄含む) 10%

※2020年10月末日現在

◎職業

- 会社員(食関係以外) 31%
- 「食」関連事業関係者 20%
- 専業主婦 13%
- 学生・非正規 11%
- 専業農家 4%
- その他 21%

◎累計受講者数

◆資格取得者

野菜ソムリエ	62,986人
野菜ソムリエプロ	3,130人
野菜ソムリエ上級プロ	147人

2023年 12月末日現在

ジャンクフードや外食、嗜好品を取りたい気持ちがなくなって、ダイエットに成功しました！
(20代女性)

異なる業界から夢だった食品業界へキャリアチェンジしました！
(30代女性)

サプリメントの代わりに毎朝のグリーンスムージーと野菜中心の食事に。子どもは風邪をひきにくくなり、私もここ数年まったく体調を崩していません。
(30代女性)

成果物販売の仕事をしていますが、産地や品種だけでなく、栄養や食べ方の説明・提案ができるようになり、お客様との距離が近くなりました！
(40代男性)

野菜ソムリエに なるには

野菜ソムリエの資格の種類と、その取得方法を紹介します。

第1章 野菜ソムリエとは？

野菜ソムリエの資格は3種類

　野菜・果物の知識を身につけて、家族や自分の食生活を豊かにしたり、健康管理に役立てたり、仕事のステップアップを目的としたりする「野菜ソムリエコース」。

　野菜・果物の専門的な知識を身につけて、社会にその価値や魅力を伝えるスペシャリストとなり、"職場＝野菜ソムリエ"として活躍することを目指す「野菜ソムリエプロコース」。

　そして、起業や開業などの活動ビジョンをもち、自分の未来を切り開くことを目的とした「野菜ソムリエ上級プロコース」があります。

野菜ソムリエ
毎日の生活や、仕事のステップアップに！

野菜ソムリエプロ
"職場＝野菜ソムリエ"として活躍する！

野菜ソムリエ上級プロ
起業や開業するなど、自分の未来を切り開く！

　「野菜ソムリエ」は赤、「野菜ソムリエプロ」は緑、「野菜ソムリエ上級プロ」は紫とそれぞれの資格を表すカラーがあります。

　白シャツに協会ロゴ入りの黒エプロン、そしてそれぞれのカラーのチーフとバッジをつけることが正装です。

※協会ロゴ入りの黒エプロン、チーフ、バッジは、それぞれの資格取得後に購入できます。

資格取得とステップアップの流れ

　まず野菜ソムリエコースは、受講終了後に課題を提出し修了試験を受験、合格すれば野菜ソムリエとして認定されます。

　受講スタイルは通学制のほか、自宅で学べる通信制も選べます。どちらも合格率は約85%です。

　修了試験で高得点を獲得した場合、特待生としてさらなるステップを目指して野菜ソムリエプロコースの受講料が割引になる制度もあります。

講義受講 ▶▶▶ 課題提出 修了試験（筆記）500点中 350点以上 ▶▶▶ 野菜ソムリエ 資格取得

※野菜ソムリエコースは全7科目（1科目2時間）
※マークシート方式の筆記試験 または WEB試験

申し込み方法 P.36

講座の内容 P.100〜

※ 2017年1月から、名称変更されています。
野菜ソムリエ：(旧) ジュニア野菜ソムリエ、野菜ソムリエプロ：(旧) 野菜ソムリエ、野菜ソムリエ上級プロ (旧) シニア野菜ソムリエ

野菜ソムリエ(総称)の活動

資格取得者はそれぞれの得意分野を活かして活躍しています。

第1章 野菜ソムリエとは?

資格取得後、その先へ

「野菜ソムリエ(総称)」であるということは、まわりから「野菜のプロフェッショナル」として見られます。この野菜はどう食べるといいのか? おいしい見分け方は? など、質問を受けることも増えるでしょう。その時に大切なことは、資格取得者として自分の言葉で野菜・果物の魅力を伝えていくことです。そうすることで、まわりの人へも共感・感動の輪が広がります。自らの頭で考え伝えることで、本当の意味での知識となっていくのです。その魅力の伝え方はさまざまあります。人前で話をすることが得意な人、食べ方の提案として料理のレシピを考えることが好きな人、文章でそのおいしさや楽しさを伝えられる人など、それぞれの得意分野を活かして情報発信をしています。まわりに伝える経験を積み、メーカーとともに野菜・果物を使った商品開発や、地方自治体と一緒にその地域の特産物をPRする仕事などに携わる人もいます。資格取得後、こうして幅広く活動をしている多くの人は、共通して野菜ソムリエであることに責任を持っています。資格をどのように活かすのか、その先の広がりも大きな楽しみのひとつです。

	野菜ソムリエ(総称)	
楽しむ ・健康的な食生活 ・食の楽しみ、喜び		**教える** ・セミナー講師・料理教室講師 ・食育講師
伝える フードライター・アナウンサー ・飲食店・青果店販売員	野菜ソムリエとして 社会に貢献	**作る** ・商品企画・レシピ開発 ・農業・料理

活躍する野菜ソムリエ 1

野菜に魅せられ
主婦から転身!

何よりも貴重な「学び」の時間

　結婚を機に主人の地元である静岡県で暮らし始めました。ここは温暖な気候で海や山、豊かな自然があり食材の宝庫です。すぐにこの土地が大好きになり、さらに、食に興味を持つきっかけにもなりました。

　その後、私たち夫婦が結婚10年目を迎え、主人から記念に欲しいものはないかと聞かれた際、物ではなく興味のあることを学ぶ時間が欲しいと考えたのです。当時2人の息子は幼稚園児と小学生で、まだまだ手のかかる時期。時間が欲しいなんて贅沢かな、と思ったのですが、主人は快諾してくれました。そうやって主人からプレゼントされた時間が「ジュニア野菜ソムリエ」と「ジュニア食育マイスター」の資格取得へとつながりました。「宝飾品よりも、食に興味があるのは、あなたらしいね(笑)」と言ってくれた主人には今でも本当に感謝しています。結果として今の私にはダイヤモンド以上に輝く価値のあるものになったのは言うまでもありません。野菜について楽しそうに話す私に影響を受け、小学生になった次男は、キッズ野菜ソムリエになりました。今では自ら「野菜新聞」を作って友達や先生に楽しんでもらっています。

仲間を通して学ぶこと、
そして仲間を増やすこと

　野菜ソムリエは、幅広い年齢層や職業の方、考えや立場の異なる方々にお会いすることがとても多い職業で、やりがいを感じています。さまざまな方にお会いするのですから、野菜の知識があればいいだけではなく「社会人としてのマナー」をこれまで以上に意識するようになりました。私にとっては勉強の毎日で良い機会を得ることができたと感謝しています。資格取得後は、静岡県にある有資格者が所属する「コミュニティ静岡」で、仲間と共に圃場視察や勉強会、イベント出店などを行っています。県内外から5万人もの方が来場する大きなイベントで静岡県協働事業のリーダー

土の大切さを生産者の方から教わることも

第1章 野菜ソムリエとは？

小櫛香穂（静岡県）
野菜ソムリエ

「学ぶことが好き。料理が好き。食べる事も大好き」子どもたちには将来温かい食卓を作り出せる人になってほしいという思いでキッズ野菜ソムリエ育成認定講師となる、「家族のために毎日ご飯を作る」その普通の感覚を大切にしながら、野菜を手軽に楽しむ様子を講座やブログ等で紹介している。今後も周囲の人を笑顔にするべく、大好きな静岡県のおいしいしい情報を発信していきたい。口癖は「めざせ♪静岡PR大使」
【ホームページ】https://vegetaberutablekaho.amebaownd.com

キッズ野菜ソムリエ講師の様子

として参加したことは新たに学ぶことも多く、大きな責任を感じるとともに、無事にやり終えたことで自信にもつながりました。また活動のなかでこれから野菜ソムリエの資格を取りたい、興味があるといった方向けの説明会では相談にのることも多く、その際には自分の経験も交えアドバイスさせていただいています。

ワクワクする見たこともないギフトをみんなに

何事においても私自らが野菜や果物の魅力を楽しむことを大切にしています。例えば「野菜ギフト」の制作です。きっかけは協会のキャンペーン「8月31日野菜の日に野菜を贈ろう」でした。野菜を大切な人に贈ろうという提案に共感し、「お野菜ギフトBOX」としてFacebookで写真を投稿しました。もらった野菜をすぐに、そして手間なく調理し食べることができる、そんな"ワクワク"するようなギフトのアイデアを紹介しました！　例えば、日頃料理をしない男性には「ジャガイモ、フランスの塩、ローズマリー」セット、といったようにです。地域に根ざした活動を続けることで、私の大好きな野菜・静岡を周囲のみなさんに伝えていきたいと思います。「いいね♪」「ワクワクするね♪」と笑顔を増やしていきたいのです。人を巻き込むことが得意（？）な私だからこそきっとできるはず！　これからも野菜のある暮らしにワクワクをプラスしていきます。

おしゃれにラッピングされた野菜ギフトはSNSでも評判に

農家初心者だから
伝えられることがある

野菜でドキドキ・ワクワクを感じてもらえるように

　実家がもともと福島の農家でした。父親の死を機に、私自身は兼業ではありますが農業に従事するようになりました。農家としては素人の私でしたが、だんだんと野菜を作ることの魅力に取りつかれ、本業として農家になることを決心。スキルアップを目指し、野菜ソムリエの資格取得を考え始めました。その際、日本野菜ソムリエ協会では「農業を次世代に継承する」という目的のための農家奨学生制度を設けていることを知りました。狭き門だったようですが、奨学生に採用されることができ、資格を取得しました。今では、農業のビギナーであることを逆手に取って、自分だからこそ考えられる合理的な栽培や経営を行ったり、SNSを活用することで販路拡大等を図るなど、手探りではありますが頑張っています。その際、一般的な野菜では満足できないという生活者の方々にもたくさん出会い、お話しをさせていただくなかで、ドキドキ・ワクワクするような食卓を作る野菜や果物を作っていきたいという思いが日々強くなっています！

笑顔が溢れる対面販売

　質の良い野菜、新鮮な野菜を実際目の当たりにし、口にした時の感動は誰にとっても忘れることができません。生産者として、その感動を少しでも多くの方に感じていただきたくて、朝採りの新鮮な野菜だけを取り揃えた朝市を開催しています。年配の方が多い地域を対象に不定期に行っていて、ときには土付きのままで出すことも！通常の市場にはあまり出回らない野菜、例えば「めんげ芋」や「御前人参」なども出してみたところ、お客様から評判で、せっかくなのでそれらの野菜を簡単に食べられるレシピを提案するなどの活動も一緒にしています。朝市にはリピーターのお客様もたくさんいらっしゃいます。お話を伺うと2回目は野菜がおいしかったから、3回目は遠く離れた息子さんや親戚の方においしい野菜を食べさせてあげたいから、とのコメントや笑顔をいただきます。このように言ってもらえることは農家として素直に嬉

小野寺淳(福島県)
<small>お の でら あつし</small>

野菜ソムリエ

父の死をきっかけに自らも農家になることを決意。
野菜の対面販売などを行うことでお客様の笑顔に触れ、野菜作りの魅力にはまる。
本当においしい野菜を食べてもらいたい、おいしい野菜を作ることこそが、福島が元気であることの証明になる、と多くの農家仲間と奮闘中。兄も新規就農を目指し、兄弟で「agrity」を立ち上げる。
【マルシェ】 Ⓑmarcheˊ 郡山市内で不定期に開催中

> 第1章 野菜ソムリエとは？

新鮮な野菜を通して新たな発見と驚きを届ける

しいですね。地道ではありますが、野菜の魅力や感動、おいしさを伝えること、そして何よりも提供している野菜が安心で安全であることを証明することを目指して活動しています。このように、野菜を生産し、その素晴らしさをアピールできることが、生産者でありジュニア野菜ソムリエでもある自分の付加価値だと思っています。土壌の微生物と共生し、健康で肥沃な土を作ること、環境問題を常に考慮した野菜・果物を作ること、これらを目指して勉強の毎日です。

おいしさを伝えることが
1番の証明

2011年の東日本大震災以降、福島県がいまだ抱える農業への影響。朝市の定期的な開催と農家仲間や野菜ソムリエのネットワークを活用し、県内の野菜や果物が安全安心で美味しいということを全国に発信していくことも私たちのような小規模農家の役割だと思っています。私が所属している郡山ブランド野菜協議会の方針は「市場で1番人気の野菜は必ずしも"おいしい"野菜ではない。味にこそこだわるお客様向けの野菜を作ろう」というもの。それに賛同した約30名の仲間、そして資格を取得したことで各地にできた野菜ソムリエの仲間、そんな多くの同志に助けられ支えられて「野菜ソムリエ」の立場からだけではなく、福島の農家として「福島は元気だ！」ということを日本中に伝えていきたいです。

「おいしい！」の一言で全ての苦労が吹き飛ぶ

活躍する野菜ソムリエ 3

産前産後の女性をサポート
料理教室のスペシャリスト

食生活の大切さを学んだ出産の経験

　第1子の娘を出産した際、マタニティブルーを経験しました。教科書通りにいかない育児に悩み自分自身を深く追い込み、食事ものどを通らず泣いてばかりの私に救いの手を差し伸べてくれたのは助産院の院長先生。私の悩みを静かに受け入れ、ぎゅっと抱きしめながら「大丈夫よ！」と言ってくださったのです。この一言で突然すっと胸のつかえが下りるのを感じました。その後も温かく迎えてくれる院長先生のもとに何度も通ってマタニティブルーを克服し、メンタルサポートの重要性を身を以て実感しました。また、助産院では妊娠中、授乳中の食事のアドバイスを受け、食生活の大切さをも学ぶことができたのです。おかげで3年後に授かった第2子の時には良いお産ができたと実感しています。調理師の資格を持っていたことから、いつのまにか助産院に通うママからスタッフとなり12年間勤務をすることに（笑）。助産院の食事は野菜を中心としたもの。いわゆる「おふくろの味」の家庭料理です。産後まもないお母さんの母乳の分泌もよく、母子ともに元気にすごしている、こんな普通のことを目の当たりにしたときに野菜ってすごい‼と野菜の底力を再認識しました。野菜ソムリエの資格を目指したのはその頃です。

野菜の声を聞き伝えるということ

　野菜への知識・情報が増えるとこんなにも変わるのかというくらい、野菜との付き合い方に変化がありました。地場の野菜を意識したことがなかったのですが、その野菜の新鮮さ、種類の豊富さに関心がわき、さらには変わった形や色の野菜や聞いたことのない野菜への探究心もどん欲になりました。また、野菜ソムリエになってからは生産者の方にお会いする機会が増え、栽培するにあたってのご苦労を見聞きする度に、感謝してきちんといただこうという思いも強くなりました。そして何よりも、一番大切にしている家族の食事に旬の野菜を取り入れるようにしなければ！　と思うようになりました。子どもたちには旬の食材を提供することで季節を体感させたいと考

第1章 野菜ソムリエとは？

する

小川美樹子（石川県）
おがわみきこ

野菜ソムリエプロ

産前産後のママに寄り添う「OGAWA's Cosy Kitchen」主宰。料理教室を主軸としながら石川県内外にて講演会やセミナー講師、メディア出演など多岐にわたり活動中（金沢市食文化推進協議会委員、NHK金沢放送局「じわもんラジオ」レギュラー他）。野菜ソムリエアワード（P.35）料理教室部門では第1回～第5回まで全てに入賞を果たし、金賞を2年連続で受賞する、唯一の野菜ソムリエ。
【教室案内】http://www.vegefru-cooking.jp/detail01.php?id=18

熱心な受講生に、逆にパワーをもらうことも

目指せ！「孫」100万人!!

　産前産後の女性をサポートして6年。私は料理教室にいらっしゃる妊婦さんや子育て中のママたちのことをみんな私の大切な娘だと思っています。その娘の子どもたちはいわば私の孫のような存在。目標は100万人！　まだまだ程遠いですが……。昔、助産院で私が救われたように、今度は「娘たち」の心のよりどころになれるよう野菜ソムリエという立場からメニューや調理法など、それぞれの体調や状況に応じて提案・指導をしながら愛情を注いでいこうと思います。マタニティブルーに苦しむのは私が最後！　助産師を目指す実娘と野菜ソムリエの私が力を合わせて産前産後の女性をサポートする活動をしていくこと、それが今の私の一番の夢です。

　えています。

　2010年に野菜ソムリエの資格を取得したタイミングで金沢市内のマタニティクリニックから妊婦さんを対象とした料理教室を開催してほしいというオファーをいただきました。このクリニックは食育に力を入れており、逆に私の方が大変勉強になる機会を与えていただいたと感謝しています。これを機にフリーランスとなり産前産後の女性をメンタル面からもサポートする料理教室を開催するようになりました。現代は核家族が増えサポートしてくれる家族が少ないのが現状です。私は2児の母としての経験を通して新米ママに寄り添って、野菜を摂る必要性を伝えていきたいのです。

「孫」の1人と。日々「家族」が増えていく喜びを感じながら

活躍する野菜ソムリエ 4

食と住のプロとして
自分だけが伝えられること

生産と収穫の2つの楽しみ

　10年以上前に夫と畑を借り、趣味として野菜作りを始めました。当時はもちろん野菜作りに関しては完全な素人。収穫を楽しむことが目的で変わった野菜ばかりを作り、いざ収穫したものの調理の仕方や食べ方がわからずインターネットで調理法を調べるはめに。さまざまな野菜の育て方や調理法、レシピなどを調べるうちに出会ったのが「野菜ソムリエ」という資格です。野菜のことをもっと知りたい！　と一念発起し資格を取得しました。それ以来、夫婦で野菜作りを続けるなかで、以前よりも「○○科」を意識するようになり、さらには連作、輪作などの畑の活用や作物に合わせた適切な施肥など考えるようになりました。そして野菜の最高の調理の仕方や食べ方を考えるうちに、今まで以上に「育てる」ことに興味がわいてきています。

野菜ソムリエの枠を超えて

　もともと大学では建築の勉強をし、卒業後は設計事務所に勤務したり、建築行政に携わっていました。その当時は、まさかそんな自分が「食」という全く違う世界の職業につくことになるとは思ってもいませんでした。資格取得の勉強をするにつれ、野菜や果物の知識がどんどん増えていきます。そうすると不思議なもので、自然と周りの身近な人々に私の知識を伝えたい！と強く思うようになりました。さらには、今まで全くと言っていい程興味のなかった「食」を取り巻く環境や世界の食事情にまでも目を向けるようになりました。野菜ソムリエになりたての頃は、建築に全く触れることのない料理教室や野菜講座が中心でした。しかし、せっかく持っている建築の知識を何か野菜ソムリエの活動にも活かせ

良い土壌を作ることも野菜作りの大切なプロセス

第1章 野菜ソムリエとは?

牧野悦子(埼玉県)
まきの えつこ

野菜ソムリエプロ

畑での野菜作りがきっかけで建築の仕事から野菜ソムリエに転身。料理教室や野菜講座を皮切りに、現在は一級建築士の経験を活かして森から畑、食卓へと総合的に食を導く活動や住環境全般の提案を行う。食育や地域の活動にも力を入れ「食の大切さ」「食べることの楽しさ」「野菜果物のおいしさ」を全ての世代に自分の言葉で発信していくのが目標。

ないかと考え、食だけではない住環境などを含めた生活全般の提案をするようになりました。今では食育や子育て支援活動、商品開発、地域のまちおこしなど多岐にわたる仕事をさせていただいています。たくさんの方々と出会い、つながることで食の課題や私がやるべきことが見えてきました。生産者と生活者をつなぐ野菜ソムリエとして、聞いてくださる方の立場に合った内容をより楽しくよりわかりやすく伝えることをモットーに活動を続けています。

受講者から学ぶことも多い講演会

野菜でつながる笑顔

これからも型にはまることなく自分の持ち味である「笑い」というエッセンスを添えて、野菜の楽しさ、おいしさを伝えてい

きたいと思っています。幸運なことに2015年に野菜ソムリエアワード野菜ソムリエ部門の金賞をいただき、さらに多くの方に出会う機会、またこれまでになかったチャンスに恵まれました。農業のバックアップや食を楽しむ場所や機会の提供など、食を取り巻くライフスタイル全般を提案していくことで、1人でも多くの方々が「野菜で笑顔」になってもらいたい！ そしてその笑顔のきっかけの1つが私という野菜ソムリエに出会ったことであれば、こんな幸せなことはありませんね。種をまき、花が咲き、やがては実をつけるように、私が伝えたことが受け手の心に少しでも残り実践され、成果として現れて笑顔となり、そしてその笑顔が私を笑顔にしてくれる……。今、この文章を読んでくださっている皆様の笑顔にも、いつかどこかでお会いできるような気がしてとても楽しみで仕方ありません。

生産者と生活者の架け橋となる野菜ソムリエを目指して

さまざまなチャネルを利用し野菜の魅力を「伝える」

知ることで広がる新たな世界

ラジオ番組のパーソナリティをしていた時のことです。毎週野菜ソムリエさんをゲストに迎え、旬の野菜のお話をしていただいていました。

回を重ねるたびに、その方からあふれ出てくる知識・情報量の多さに驚くとともに、自分の青果物に対する無知や無関心を思い知り、どんどん「野菜ソムリエ」を意識するようになりました。

野菜ソムリエになったらどんなに食生活が豊かになるのだろう！　とわくわくしながらさっそく申し込み実際に学んでみると、何も知らずにただ野菜を食べていた時に比べ野菜や果物をたくさん食べるようになり、単純に値段だけで選ぶこともしなくなりました。食に対しての感覚ががらりと変わったのです。そしてそんな私を見ているうちに、家族も食の情報に自然と敏感になったことは嬉しい驚きで、思わぬ副産物でした。

講義中や自習をしながら得た知識は、全て自分の食生活に活かすことができます。毎日のルーティンだった買い物や料理は、楽しい時間に変わりました。

広がる活動と貴重な経験

野菜ソムリエとして動き始めると、活動はさまざまな方向に展開していきました。

例えばレシピの作成や商品開発、講師活動など。

また、ある企業の会報誌では、母と子が野菜により親しむためのコラムを長く担当させていただいています。

特に印象深かったのは、女性の生産者を応援する、農林水産省の「農業女子プロジェクトサポーターズ」のメンバーとなったこと。私が参画できたのは野菜ソムリエだったからこそ！　総理官邸での「大農業女子会」では貴重な経験をさせていただきました。

生産者にもグッと近くなるのが野菜ソムリエ

香月りさ（東京都）

野菜ソムリエプロ

ママ野菜ソムリエならではの視点で、親と子に向けた野菜教室「mamako・kitchen」を主宰する。プランターや畑では自ら野菜を栽培し、教室では子どもが自分で収穫した野菜を調理に使うことも。料理動画サイトでのレシピ考案や調理担当、またTVをはじめメディアでの旬野菜やレシピの紹介多数。現在は手話で野菜の魅力を伝えるべく、その習得に鍛錬を重ねる。

【コラム】ハッピー・ノート　ドットコム「輝くママのNEWSな"おはなし"」
http://www.happy-note.com/shine/
【ブログ】http://ameblo.jp/vf-mamako/

自ら育てて大変さも楽しさも実感

これらの活動を通し、野菜果物の魅力、日本の農業について、そして食の大切さを皆さんにお伝えしています。

講座のバリアフリーを目指して

私自身、子育て中の母親ですから、子どもの健康や成長と食がどう関わっているのかを「一番身近にいる野菜のプロ」として、地元のママをはじめ多くの方に伝えていきたいと考えています。そのために、学校やPTA、行政などさまざまな場所で野菜についての知識を広める活動を広げています。

以前、耳の不自由なおばあちゃんがお孫さんと一緒に親子野菜教室に参加してくださいました。その際に筆談で「声は聞こえないけど、孫がすごく楽しそうにしていて私も講座を受けたくなった」と伝えてくださいました。そこで、手話という"言語"を使えばもっと発信できると考え、手話通訳のある講座を開くことを目指して手話の勉強を始めました。自分の手話で伝える他に、食についての手話通訳付きの講座を主宰していくのが今の目標です。「野菜売り場にいる時間が長くなった」「お料理教室に通いたくなった」「野菜を食べたくなった！」という言葉を聞くと改めて自分の活動を誇りに思うと同時に、野菜ソムリエという資格に出会うことができたことを幸せに感じます。そしてこの資格が私の人生をより意義のあることに変えてくれたということが、少しでも野菜ソムリエを目指す方々に伝わればいいなと思っています。

子どもたちの味覚から感性を刺激する野菜教室

得意分野を活かして
野菜ソムリエのさらに向こう

まずは野菜の良さを知ってもらうこと

現在は、国立研究開発法人農研機構に勤務しています。これまで一貫して作物の栽培環境や品質に関する研究を行ってきました。この間、農林水産省で、農業研究の企画立案などを担当したり、園芸全般に関する業務を行ったりしました。日々さまざまな作物の問題に取り組む中で資格を知ったのですが、その後も野菜や果樹を含めた食品の機能性に関するプロジェクトの立案、運営に関わるうちに、やはり体系的に学び、多くの人に「野菜や果樹、農産物の良さを知ってもらうことが大事！」と考え、資格取得にチャレンジしたのです。

情報を精査する力は仲間との研鑽から

インターネットの普及により、誰でも簡単に情報を得ることができます。ただ情報があまりにも多いことによって、「何が重要か」を見極める力がなければあまり意味がない、役に立たないと感じていました。

シニア野菜ソムリエになるまでの学びの過程で多くの仲間・同志を得ました。この信頼できる仲間たちと共に学び、情報交換や議論をすることで、膨大な情報の中から重要なものを見分ける力を身につけることができました。こうして得た仲間と知識は、何物にも代え難い大きな財産となっています。私は元々あまり人前が得意ではないのですが、伝えていくことの重要性は十分に認識しているので、積極的に発信をするよう努力しています。最近ですと、児童向けに『根っこのえほん』という仕掛け絵本を企画・出版しました。普段は見えない根っこの部分が絵本を開くとパッと出てくるのです。野菜と仲良くなってもらいたいという想いから作った絵本ですが、私の3歳の子どもが通う保育園でも園児たちがとても喜んでくれているそうで本当に嬉しい限りです。また別の機会では、日本科

暑い夏にはもってこいのトマト釣りに子どもは大喜び

側へ

中野明正(なかの あきまさ)（茨城県）

野菜ソムリエ上級プロ

九州大学卒、京都大学大学院修士課程修了、農学博士（名古屋大学）、技術士（農業）、土壌医。
1995年農林水産省入省後、農研機構において、野菜の生産および品質向上技術に関する研究に携わる。現在、農研機構施設野菜実証プロジェクトリーダー。この間、農林水産省農林水産技術会議事務局研究調査官、課長補佐、農研機構本部総合企画調整部研究調査チーム長、企画調整室長を務めた。

第1章 野菜ソムリエとは？

『根っこのえほん』

学未来館が主催するワールド・バイオテクノロジー・ツアーの一環として高校生と一緒に「藻類を使って肥料をつくり野菜をつくる」という研究に取り組みました。優秀な高校生が多く、「この研究を通じ食料問題などに興味を持ちました」と言ってもらえたことも嬉しかったです。地道な活動ではありますが、若い世代の人々が野菜に少しでも興味を持ってもらうにはどうしたらよいか、試行錯誤の毎日です。せっかく取得した野菜ソムリエとしての知識を活かし、このような充実した活動をすることができるということに幸せを感じています。

私もシニア野菜ソムリエの資格を活かして、新たな食の提案により、日本の農業の自給力、ひいては輸出力を高める取り組みをしたいですね。最終的には、新しいスタイルの、生産や販売、全てを自分で企画実践する農業にチャレンジしていきたいです。野菜ソムリエの資格は取って終わるわけではありませんし、取ってすぐに使えるものでもありません。吉田松陰のことばに「学は人たる所以を学ぶなり」というものがあります。資格を取得してからが本当の意味での"学び"のスタートです。志を定めて人生で何をなすか、それを決めるのは私たち自身。志を定めるに早い遅いもありません。人それぞれの"得意分野＋野菜ソムリエ"で農業と社会にイノベーションを起こし、より良い世界を創りましょう！

君の志は何か

「緑提灯」というものをご存知でしょうか？ カロリーベースで国産農産物を50％以上使用している居酒屋のことで、自給率を上げる目的で始まった運動です。私はこの運動のコンセプトに大変共感しました。

フィリピンでの技術普及。野菜苗生産法の重要性を説明

活躍する野菜ソムリエ 7

野菜ソムリエとして夢の海外での活動

農家の役に立ちたくて

　もともと京都の筍農家に生まれ、幼い頃から野菜が身近にありました。一生懸命に働く農家としての両親を見てきましたので、漠然とではありますが、両親のような農家の人々のお役に立てるような仕事ができないかと考えていました。そんな時、ふと手にした雑誌に野菜ソムリエの記事を見つけました。まさに自分が探していた道だ！　とビビッと感じるものがあり、すぐさま野菜ソムリエを目指すことに。と言うととてもスマートな話ですが、実のところベジタブル＆フルーツマイスター（当時）という横文字の響きが格好良かった、というミーハーな理由からだったりもするのですが（笑）。

資格取得があらゆる自信につながっていった！

　野菜ソムリエの試験は想像をはるかに超えて難しかったので、合格できたのが今でも夢のようです。その経験が、何でもやればできるんだ！　という自信につながりました。野菜ソムリエの資格を取得してからも、農業のこと、野菜のこと、毎日が本当に勉強です。農業を知れば知る程、野菜を生産することの難しさ、経営の厳しさを理解し、素直に両親を心の底から尊敬するようになりました。若い頃は少しギクシャクすることのあった父との関係でしたが、共通の話題ができたことで、会話も増えて色々教えてもらうことも多くなり、今では何か疑問に思うことがあれば真っ先に父に連絡をするように。そんな関係を、恐らく父も喜んでくれていると思います。

147回続いた
料理番組

第1章 野菜ソムリエとは？

西村秋保（にしむらあきほ）（京都府）

野菜ソムリエ上級プロ

アスリートフードマイスター1級、着物コンサルタント、ホームヘルパーなど。25歳で結婚し、二人の息子の子育てを経て体得した、簡単でヘルシーなレシピが幅広い世代に好評。またホームヘルパーの仕事を通じ、利用者の病状や体調、味の好みに合わせて栄養バランスを考えた料理を経験、改めて食材の重要性を実感する。写真家である自らが撮影した写真とともに、野菜中心のオリジナルレシピを企業などに提供している。現在では野菜ソムリエの可能性を広げるべく、世界中で活動している。

【ホームページ】http://www.cookskyoto.jp/
【English Web site】http://www.cookskyoto.jp/en/index.html

野菜ソムリエ仲間とパリ日本文化会館にて

いち主婦から野菜料理のプロへ
活動は国境を超え海外にも発展

　年子の息子を育てる中で培っていった料理の工夫の数々は、野菜をおいしく簡単に食べられるレシピの考案や講師として番組を持たせてもらうまでに発展し、私のライフワークとなっています。京都新聞と中國新聞では365日のレシピを連載、ケーブルテレビの料理番組「西村秋保の京のおいしおす」は147回まで続きました。

　加えて、ある食品会社のサンフランシスコ視察に同行したのをきっかけに、イギリスやスペインにも行くことができ、海外の活動が増えていきます。海外では、和食、とくに家庭料理をベースにして野菜ソムリエの知識を提供しています。例えばフランスでは現地の食材を使ったレシピを配布したり、日本の家庭料理のデモンストレーションを行ったり。和食が世界遺産として注目される中、パリの方々にも大変喜ばれました。私自身、これまで仕事は我慢をすることだと思っていました。でも、野菜ソムリエを職業としてからは、仕事がとても楽しいと思えるようになりました。そう感じられることはこの上ない幸せだと思います。時給600円でコンビニのパートをしながら子どもを育てていた平凡な主婦が、野菜ソムリエとして専門性を持つことで今では海外に行って料理のデモンストレーションをするまでになりました。野菜が多くヘルシーな日本の家庭料理を世界中の誰もが気軽に調理し食べることができる、そんな世界にしていきたいです。

野菜ソムリエとしてミラノエキスポにも参加

野菜ソムリエになった

食を日常的に楽しめる社会になるように、そして、農業を次世代に継承できるように、日本野菜ソムリエ協会ではさまざまな活動を行っています。
ここでは活動の一部を紹介します。

基本を知ろう・学ぼう

野菜・果物の入門講座 野菜ソムリエによる「野菜教室」

旬の野菜を取りあげ、選び方、食べ方、保存の仕方など野菜の基本を野菜ソムリエが教える教室です。すぐに作れるおすすめレシピの試食も。まずは自分の食生活を振り返り、野菜を上手に生活に取り入れるコツを学びます。野菜ソムリエ講座の受講を検討中の方にも好評です。

この回のテーマは「いちご」。いちごについて深く深く掘り下げます。5品種のいちごを食べ比べました

さまざま学べる勉強会 スキルアップイベント

受講修了後も、さらなる学習の場として特別セミナーを定期的に開催。野菜や果物に興味がある方であれば、誰でも参加できるセミナーも充実。

資格を活かして開業するためのノウハウについて学びます

食べ比べワークショップ
ひとつの品目につき、多くの品種の食べ比べを行います。一度に多くの種類が味わえる人気のシリーズ

ら ～その後の活動と、学びの場～

第1章 野菜ソムリエとは？

食べて学ぶ

おいしい野菜が食べられる店

日本野菜ソムリエ協会認定 レストラン

日本野菜ソムリエ協会が設定した5つの基準をクリアした名店だけに与えられる"野菜ソムリエ認定レストラン"の称号。認定レストランには、旬の野菜・果物にこだわったメニューがそろっています。

※日本野菜ソムリエ協会認定 レストランの一覧はP.170

旬の野菜や珍しい野菜が主役の一皿に出会えるかも

アカデミックレストラン

「知らないで食べる」から「知って食べる」ことを体感し、お腹だけではなく、頭も心も満足できるレストランイベント。野菜ソムリエとシェフによる食材の話を聞きながら、野菜を主体とした料理を味わえます。シェフに直接質問をしたり、調理デモンストレーションを見たりと、五感で楽しむイベントです。

野菜のことを知って食べると、よりおいしく味わえます

料理を支える！学ぶ！

日本野菜ソムリエ協会認定 料理教室

全国各地で活躍中の野菜ソムリエが主宰する協会認定の料理教室。野菜ソムリエならではの観点から、旬の野菜・果物の持ち味を活かした調理法を教えています。

※日本野菜ソムリエ協会認定 料理教室の一覧はP.167

同じ野菜でも調理法による違いなどを実感できます

こだわりの青果取扱店

日本野菜ソムリエ協会認定 青果取扱店

生活者と青果物の接点になる販売店。その強化・活性化、さらに日本の農業の発展を目的に、旬や産地にこだわった青果取扱店を日本野菜ソムリエ協会が認定しています。

※日本野菜ソムリエ協会認定 青果取扱店の一覧はP.173

自宅で継続してスキルアップ

スキルを磨く

野菜ソムリエ メンバーズ会員制度

変わりゆく社会のニーズに柔軟に応えられるように、
野菜ソムリエの継続的なスキルアップをサポートする会員制度です。（※任意の制度です）

特 典

　会員の特典として認定カードと会員誌、オリジナルデザインの名刺をご自宅にお届けします。その他、各種割引制度や会員限定のイベントもあります。

　会員誌「野菜ソムリエ通信」は年に2回の発行。青果物に関する研究発表、新品種や産地の最新情報、食品業界ニュースなど自己研鑽に役立つ内容を掲載しています。

　また会員専用のメールマガジンでは市場、青果店、生産者などを取材し、野菜や果物を取り巻く現場の今や青果物に関するコラムを発信。さらにその他の講座割引情報などのお得なお知らせをはじめ楽しいコンテンツをお届けしています。

プレミア会員誌「野菜ソムリエ通信」

入会条件

・野菜ソムリエ以上の有資格者

年会費

6,000円（税込）

会員の声

・普段何気なく口にしている野菜ですが、あまり詳しく知らないのが現実です。改めて野菜について学ぶよい機会になりました。

・ひとつの野菜について、深く学ぶことができるので、その野菜に興味を持つことができました。

・大好きな野菜が、さらに大好きになりました。

地域活動に参加する

仲間と協力しあう 野菜ソムリエコミュニティ

野菜ソムリエコミュニティとは、全国各地の資格取得者が
自主的にそれぞれのエリアに根付いた活動を行う協会公認の団体です。
コミュニティ数は、全国50ヶ所、海外1ヶ所の合計51ヶ所で活動しています。
（2019年10月現在）

海外

農業・農産物を応援

野菜・果物の品評会

野菜ソムリエサミット

　野菜ソムリエサミットとは、野菜ソムリエによる「野菜・果物の品評会」です。

　毎月開催されている評価会では、全国各地から出品されてくる青果物を、味覚と表現力のテストをクリアした野菜ソムリエが「美味しさ」という軸で絶対評価にて評価し、点数に応じて「金賞」または「銀賞」に認証します。

　価値ある青果物を評価・認証し、広く世の中に発信することにより、生産者を応援し、日本の農業の活性化に寄与することを目的としています。

　野菜ソムリエサミットでの受賞をきっかけとして、「第三者からの評価を初めて受けて、改めて野菜に自信が持てました」「地元のメディアで取り上げられて知名度が上がりました」「百貨店との商談がまとまりました」などの喜びの声がたくさん届いています。

資格取得後の仕事

第1章 野菜ソムリエとは？

アイデアを形にする / 商品開発

野菜ソムリエの視点やアイデアなどを、商品作りに役立てることができます。野菜・果物に特化した新商品などを、企業と一緒に考え、試作を重ねながら商品化していきます。

コンビニのお弁当、各メーカーの野菜・果物に関わる商品、フレッシュジュース等々、開発商品があります

人に伝える / 講師

イベントや教室などで、野菜・果物の魅力を話して伝える仕事です。協会で開催する「野菜教室」や「ベジフルメンバーズクラブ」、説明会やイベントなどのほか、企業や地方自治体からの依頼も随時紹介しています。

※講師を目指す人のための講師養成プログラムも開催しています。

店内イベントスペースから大きな会場まで、さまざまな方法で実施が可能です

料理で伝える / レシピ提案

野菜・果物の特徴や食べ合わせを考え、おいしい料理を提案するのがレシピ考案。食品メーカーだけではなく、調理家電や器具などのメーカーからも依頼があります。

野菜・果物の組み合わせによるレシピをはじめ、食べ方の提案も

文章を書く / コラム・取材

印刷物や、ウェブ上でのコラム執筆など、文章で表現する仕事です。限られた文字数の中で、野菜・果物の魅力をどう表現していくかが肝になります。

メディアに出る / 取材対応

雑誌のインタビューやテレビの取材など、メディアへの登場も仕事のひとつ。取材では、臨機応変に対応できる力が必要です。

子どもから子どもへ

新しい食育 キッズ野菜ソムリエ育成プロジェクト

キッズ野菜ソムリエとは、楽しみながら野菜・果物に触れ、その魅力を友達に伝えていくことを任務とする子どもたちの活動です。

キッズ野菜ソムリエになると……
・野菜・果物の魅力を見つけられるようになります
・何が好きか？どうして好きか？をお友達に伝えられるようになります

　全国で開催される任命イベントに参加すると、キッズ野菜ソムリエに任命されます。
　キッズ野菜ソムリエに任命された後も、継続的に楽しみながら野菜・果物に触れ合うイベントを開催し、野菜・果物を楽しみ、友達に伝え続けていく機会を作ります。
　今までの「大人から子どもへ」の食育から「子どもから子どもへ」新たな食育の形を創造します。

販売体験

キッズ野菜ソムリエ任命イベント

トマトの食べ比べやクイズを通して野菜・果物を楽しみながら学びます。

学んだ後は発表も

キッズ野菜ソムリエ任命後の活動

調理体験

市場見学

農業体験

活動の成果を発表！

第1章 野菜ソムリエとは？

1年の集大成　野菜ソムリエアワード

野菜ソムリエたちが1つの会場に集い、
一年で最も素晴らしい活動をした野菜ソムリエを選出します。
全国の仲間の活動から、気づきと刺激を得て、
野菜ソムリエ同士でお互いを高め合える重要なイベントです。

多くの方が野菜ソムリエ1人ひとりのプレゼンテーションに聞き入ります

プレゼンテーションの様子

キッズ野菜ソムリエを紹介するひとこま。会場全体が優しく、あたたかい雰囲気に包まれます

結果発表の様子を緊張した表情で待ちます

＼おめでとうございます！／

優勝者が発表された瞬間の様子

野菜ソムリエになりたいと思ったら

講座申し込み方法

受講をお考えの方は、下記より受講スタイルを選び、
希望する会場をご確認の上、お申し込みください。

● 選べる受講スタイル

A 生の講義で学びたい方に
通学制

全ての講義を協会指定の会場で受講します。講師から直接講義を受けたい方や、直接質問したい方向けです。

B 一部なら通学できる方に
半通学制
（スクーリング付）

協会指定の会場で1日のスクーリングを受講し、他の講義は通信教材で学習します。定期的な通学が難しいけれど生の講義も受けたい方や、通信教材での自主学習だけでは不安な方向けです。

C 自分のペースで学習したい方に
通信制
（通信教材）

全ての講義を通信教材で学習できます。通学する時間がとりにくい方や、繰り返し学びたい方、都合のよい会場や日程がない方に向いています。

D 通信教材学習＋お近くの地域校
通信制
（地域校ワーク付）

全ての講義（7科目）を通信教材で学び、＋αで協会認定の地域校にて課題作成レクチャー、及び修了試験などが受けられます。先輩野菜ソムリエから話を聞きたい方、仲間をつくりたい方に向いています。

※半通学制（スクーリング付）、通信制（通信教材）の修了試験は、協会指定の会場で行います。また、どちらもクーリングオフの対象外です。
※団体受講、法人受講も承ります。受講料の割引や出張講座などがございますのでお気軽にお問い合わせください。

● 野菜ソムリエコースの申し込み方法

野菜ソムリエコース

総額 **148,000円**（税込）　内訳：入会金 10,800円、受講料 137,200円
（受講修了後の初回の試験料を含みます）

2024年3月現在

日本野菜ソムリエ協会のホームページよりお申し込みください。

🖥 http://www.vege-fru.com/

☎ 東　京　03-6278-8456　　大　阪　06-4309-6642
　 名古屋　052-678-7121

無料講座説明会も随時開催しています。ホームページ、お電話にてお申し込みください。

第2章
野菜・果物の事典

ここでは、普段の食卓でもなじみの深い代表的な
30品目の野菜・果物の紹介をします。
なりたち、栄養成分、調理のポイントなどをコンパクトに解説します。

キャベツ

Cabbage／アブラナ科

 spring & winter

- 🌐 原産地　北海・英仏海峡、大西洋等ヨーロッパ海岸、地中海沿岸諸国
- 📦 保存　ラップなどに包んで冷蔵庫で保存を。葉を一枚ずつはがして使う方が長持ちします。

【葉】
◎春キャベツはふんわりと軽くみずみずしいもの
◎冬キャベツは重くて巻きがしっかりしたもの

【断面】
カットしてあるものは芯の高さが高すぎないもの

野菜ソムリエのアドバイス

内外の葉を使い分ける

やわらかくて甘い内側の葉は、サッと加熱すると甘みが活かされ、外側の葉は、煮込むと鮮やかな色になります。

野菜ソムリエプロ　篠原絵里佳

どんな調理法にも合う万能野菜

☑ なりたち

通年出回り、春キャベツ、夏の高原キャベツや冬キャベツなどがあります。春キャベツはふんわり軽くてみずみずしく、冬キャベツはしっかりとかたいなど、時期により特性が異なるので、その特性を活かした調理法で楽しむことができます。

☑ 栄養成分

ビタミンCが多く、葉の中でも内葉よりも、色の濃い外葉に、より多く含まれています。さらに、芯にも栄養素が多く含まれるので、芯も薄く切るなどして使いたいものです。アミノ酸の一種であるビタミンUは、粘膜を保護し、胃を丈夫に。イソチオシアネートというアブラナ科特有の成分も含まれており、この成分はガンの抑制に有用との期待がされています。

☑ ワンポイントアドバイス

千切りなどでパリっとさせたい場合には切ってから水にさらしますが、ビタミンなどの栄養素が流出しやすくなります。しっかり栄養摂取をしたいなら、葉を切る前に洗うのがポイント。特にビタミンCやUは水溶性なので、水に触れる面が多くなると、その分流出も増えるのです。

種類あれこれ

紫キャベツ

葉の表面は鮮やかな紫色だが、葉肉は白。この紫色はアントシアニンによるもの。ゆでると色素が流出するので、色を活かすなら生でサラダなどに。

芽キャベツ

キャベツの一種で、太く伸びた茎の周りに小さな実が多数付く。通常のキャベツに比べ水分が少なく、食物繊維やビタミンCなど栄養素を多く含む。

プチヴェール

芽キャベツと青汁で有名なケールの掛け合わせ。結球しない芽キャベツで、小さなバラのような姿が特徴。火の通りが早く、ほんのり甘くて食べやすい。

タマネギ

Onion／ユリ科（ネギ科）

 spring & autumn

- 🌐 原産地　中央アジア、東地中海沿岸地方
- 🥫 保存　風通しのよいところに吊るすなどして保存を。新タマネギはポリ袋などに入れて冷蔵庫に。

【頭】
◎頭部がしっかりとかたくふかふかしていないもの
◎芽が伸びていないもの

【皮】
皮に光沢があり、扁平なかたちのもの

【重さ】
同じ大きさであれば重い方を

野菜ソムリエのアドバイス

収穫のサインは？

球が十分に肥大してくると地上部分の根元が枯れ、葉が自然に倒れます。これがタマネギの収穫のサインです。

野菜ソムリエ上級プロ　クボジュン

主役、脇役として大活躍

✅ なりたち

春と秋、2回の出回り期があります。春は新タマネギとよばれ、収穫してすぐに食べるためみずみずしいのが特徴。秋冬に出回るものは、春に収穫したものを吊るして乾燥させて貯蔵したもの。日本で栽培されている大半は黄タマネギと呼ばれるもので、貯蔵性に富んでいます。

✅ 栄養成分

香りの成分であるアリシンは、ビタミンB_1の吸収を高めて、代謝を促進してくれます。ポリフェノールの一種であるケルセチンには、生活習慣病の予防に効果を発揮するほか、アレルギーを抑える効果もあるといわれます。カットすると、催涙性のアリシンにより涙が出ることがありますが、この成分は揮発性のもの。冷やしてから切れば、その作用は薄くなります。

✅ ワンポイントアドバイス

辛みを気にするあまり、水にさらしすぎないようにしましょう。5分もさらせば充分。長時間水につけておくと水溶性のビタミン各種や、アリシンなどの栄養素が逃げてしまいます。特に辛みが少ない新タマネギは、水にさらさずそのまま調理を。

第2章 野菜・果物の事典

淡色野菜

種類あれこれ

葉タマネギ
通常のタマネギの未熟な状態を葉付きの状態で収穫したもの。春先の短い期間のみ出回る。葉も食べることができ、葉も葉鞘もやわらかで甘みがある。

紫タマネギ
通常のタマネギに比べて辛みや香りがマイルド。甘みが強いので生食にも。別名「赤タマネギ」とも呼ばれる。赤色はアントシアニンによるもの。

ペコロス
品種ではなく、通常のタマネギを10倍以上も密集させた状態で生育して、小さく育てたもの。辛みが少なく、煮くずれしにくい。まるごと調理が◎。

タケノコ

Bamboo shoot／イネ科

 spring

- 🌐 原産地　中国
- 🥫 保存　ゆでたものは水に漬けて冷蔵庫で保存を。食味を損なうので基本的に冷凍保存には向きません。

【頭】穂先が黒っぽいものは鮮度が落ちている可能性アリ

【皮】皮が薄茶色で穂先が黄色がかっているもの

【下部】切り口がみずみずしく変色していないもの

野菜ソムリエのアドバイス

春の香りの産地リレー

土壌がやわらかいほどやわらかいタケノコに。また、孟宗竹、真竹など多くの品種があり、種類により出荷のリレーがあるのです。

野菜ソムリエ上級プロ　持田成子

山形の月山竹の旬は5月頃。

春ならではの特別な味

☑ なりたち

　日本の春を告げる食材のひとつ。竹の地下茎が地上に出た部分を食用とします。食用としている大半が孟宗竹という品種。「朝掘ったら、その日のうちに食べろ」といわれるほど、鮮度劣化が早く、同時にえぐみも増します。地上に1cmでも顔を出すと、すでに中はかたくなっているといいます。地中にあることを見極めて掘るタケノコ堀りは、職人技なのです。

☑ 栄養成分

　栄養価はさほど高くないものの、アスパラギン酸やグルタミン酸を含んでおり、これがうま味のもとを作っています。切り口に現れる白い粉の正体はチロシンという成分。アミノ酸の一種です。

☑ ワンポイントアドバイス

　日が当たると皮の色が濃くなり、同時にえぐみも増します。選ぶ際は、先端が黄色がかっていて、全体的に薄茶色のものを選びましょう。ひとつのタケノコでも、部位によってかたさに違いがあります。先端はやわらかいので和えものや汁ものに合います。逆に根元はかたいので、食感を生かして炊き込みご飯などで味わうと良いでしょう。

第2章 野菜・果物の事典

淡色野菜

 野菜ソムリエの簡単レシピ　　　　　　　　　　　　レシピ作成：佐伯 弥生

タケノコの照り焼き

タケノコは、大きな鍋に米ぬか、赤トウガラシを入れてゆで、冷ましておく。アクをとることで、味わいがアップ。フライパンに、しょうゆ、みりん、酒を入れ、煮立ったら、皮をむいてカットしたタケノコを入れ、煮汁をかけながら、煮汁が少なくなるまで煮る。

材料（2人分）
タケノコ…300ｇ　　　　　米ぬか、赤トウガラシ…各適量
木の芽、万能ネギ…各少々　しょうゆ…大さじ1½
みりん…大さじ1½　　　　　酒…大さじ1½

キュウリ

Cucumber／ウリ科

 summer

- ● 原産地　インド北部、ヒマラヤ山麓からネパール付近
- ● 保存　夏が旬の野菜なので、寒いところが苦手。冷蔵庫に入れる際はポリ袋に入れましょう。

表面
- ◎いぼが痛いくらいにしっかりとしているもの
- ◎太さが均一のもの

キュウリの花。

形
多少の曲がりは気にしなくてもOK

端
両はじがしなびていないもの

野菜ソムリエのアドバイス
サラダだけじゃもったいない！
サラダやお漬物など生食することが多いキュウリですが、炒めても美味しいです。お肉との相性がよく麻婆キュウリやオイスター炒めなどがオススメです。

野菜ソムリエプロ　出口恭美子

食感や香りを楽しみたい

✅ なりたち

　夏を代表する野菜のひとつ。たっぷりの水分が夏の渇いたのどをうるおしてくれます。日本には、10世紀以前に入ってきたとされ『本草和名（918年）』にも「加良宇利（唐瓜）」の記載が。以前は寒さに強い黒いぼ種と、低温に弱い白いぼ種の2種類ありましたが、現在は品種改良が進み、加えてハウス栽培の普及もあり、白いぼ種が主流に。いぼがない品種も存在します。

✅ 栄養成分

　むくみ防止や、高血圧を抑制する効果があるカリウムが豊富。ほかに目立った栄養素はありませんが、パリパリとした食感やみずみずしさを楽しみましょう。水分が95％で低エネルギーなので、カロリーを気にせずたっぷり食べられます。生はもちろん、炒め物など加熱しても◎。

✅ ワンポイントアドバイス

　ぬかにキュウリを漬けておくと、ぬかの栄養素がしみ込み、一緒に摂ることができます。ぬかはビタミンB群をはじめ、腸内環境を良好に保つ乳酸菌などを含み栄養が豊富。キュウリは、いぼが中央に多いもののほうが甘みの強い傾向があるので、選ぶ時の参考に。

第2章 野菜・果物の事典

淡色野菜

種類あれこれ

加賀太きゅうり

石川県の特産。果肉が厚く、非常に大きいのが特徴。肉質がしまっているので、そのまま食べるのはもちろん、煮込みや漬物にも最適。

四葉（すうよう）きゅうり

中国の華北地方生まれで、果皮は濃い緑色。皮が薄くて表面に細かないぼがたくさんあり、しわが寄っている。パリパリとした食感で歯切れがよい。

画像提供：ゆきだるま物産館

ミニキュウリ

長さ10cm程の小さいサイズのキュウリ。丸ごとピクルスにも。日本にピクルスとして輸入されている大半は「コルニション」という品種。

サラ／写真提供：㈱サカタのタネ

レタス

Lettuce／キク科

 summer & autumn

- 🌐 原産地　中国、インドから中近東内陸及び地中海地域
- 📗 保存　ラップなどで包んで冷蔵庫で保存し、なるべく早めに食べきるようにしましょう。

葉
◎巻きがゆるやかでふんわりと軽いもの
◎葉先までハリがありしなびていないもの

切り口
切り口が10円玉くらいのもので変色していないもの

野菜ソムリエのアドバイス
食感よく、彩りよく
変色を防ぐには手でちぎること。生食だけではなく炒め物や鍋物にも。さっと火を通しシャッキリ感を残して。

野菜ソムリエプロ　田尻良子

みずみずしさが魅力のサラダ野菜

✓ なりたち

　現在、日本の主流となっているのは結球する玉レタス。ほかにサニーレタスなどの結球しないリーフレタスもあります。日本では古くから栽培されていましたが、それは結球しないタイプ。玉レタスが広がったのは第二次世界大戦後、洋食の普及とともに、サラダが多く食べられるようになったことが背景にあります。

✓ 栄養成分

　エンダイブなどのリーフレタス類には、玉レタスよりも多くの栄養素が含まれています。特にカロテンの含有量は多く、玉レタスが淡色野菜に属するのに対し、リーフレタスは緑黄色野菜に分類されます。

✓ ワンポイントアドバイス

　水にさらすと食感が良くなりますが、同時にビタミンCなどの水溶性の栄養素も流出してしまいます。水に接する面を少なくするため、切る前の一枚の葉の状態で水にさらします。ただし、長時間さらすとビタミンの損失が増えてしまうので短めに。

種類あれこれ

サニーレタス

結球しないタイプ。葉先が赤紫色で、ゆるく波打っているのが特徴。玉レタスに比べて栄養価が高く、ほんのりとした苦みがある。

エンダイブ

シャキシャキとした食感で、ほろ苦さが持ち味。葉先は緑だが、茎は白い。葉に切れ込みがある縮葉系と、肉厚で葉が広がるタイプとがある。

ロメインレタス

ギリシャのコス島原産でコスレタスとも呼ばれる。ゆるく結球したレタスで、葉は長楕円形で先がとがっている。外食産業での需要も高い。

ナス

Eggplant／ナス科

summer & autumn

- ●原産地　インド東部
- ●保存　２、３日なら冷暗所で保存を。それ以上や、最初から冷蔵庫で保存する場合はポリ袋に。

皮
皮にハリがあるもの

形
どんな大きさのものでも適度な丸みがあるもの

ヘタ
ヘタが痛いほどピンととがっているもの

> **野菜ソムリエのアドバイス**
>
> **家庭菜園ではネギ類を混植!**
> ネギを一緒に植えると病気や虫予防に。ナスに麺つゆとごま油をかけてレンチンした時短煮浸しに、薬味としてネギを添えて一石二鳥です。
>
> 野菜ソムリエプロ　浅水美加子

歴史古く、縁起のいい野菜

☑ なりたち

　江戸時代より、「一富士、二鷹、三なすび」と、初夢に見ると縁起のよいもののひとつといわれてきました。寒い時期にも食べられるよう、すでに江戸時代から油を塗った障子でなすを囲って栽培する促成栽培が始まっていたとか。地方品種も多く100を超えるといわれます。皮が紫色の中長ナスが一般的ですが、皮が緑や白いもの、ひと口サイズのものから、長さが40cmを超えるものまでバラエティも豊かです。

☑ 栄養成分

　93％が水分。血圧を下げる作用のあるカリウム、肝臓の働きをよくするコリンも含まれます。なす紺と呼ばれる、なすの皮の色素成分はナスニン。ポリフェノールの一種で抗酸化作用があります。果皮は紫色が一般的ですが、緑や白の品種もあります。

☑ ワンポイントアドバイス

　みずみずしさが魅力のナスですが、昔から、食べすぎると体を冷やすといわれます。ただし、ショウガやシソなどの香味野菜と一緒に摂れば、あまり気にしなくても大丈夫です。昔から食べられている焼きナスにはショウガが添えられていますが、これは理にかなった食べ方といえるでしょう。

種類あれこれ

長ナス
細長く、長さは20cmほどもある。大きいものは30cm近くにも。皮はかためだが、果肉はやわらか。長さ40cmを超える大長なすという品種もある。

水ナス
水分が多く、甘みがある。味にクセがないのでサラダなどの生食に向く。大阪・泉州のものが有名。水ナスはおもに漬物として出回っている。

米ナス
アメリカの品種であるブラックビューティーを品種改良したもの。楕円形と、緑色のヘタが特徴。煮くずれしにくいので、煮込み料理にも合う。

レンコン

Lotus root／スイレン科（ハス科）

 autumn & winter

- 🌐 原産地　中国説、エジプト説
- 🟩 保存　ラップなどで包み冷蔵庫に。洗ったものは完全に水に漬けておくと黒ずみを防止できます。

形
ずんぐりと丸く、かたいもの

切り口
切り口が黒ずんだものは避ける

穴
穴の大きさが揃っているものを選んで

野菜ソムリエのアドバイス

風邪の季節に頼りたい

レンコンに含まれるタンニンには、消炎や収れん作用があり、搾り汁を飲むと咳止めや喉の痛みが和らぐ効果があるといわれています。

野菜ソムリエプロ　篠原絵里佳

加熱による食感の変化も楽しい

☑ なりたち

レンコンは、ハスの地下茎の肥大した部分を指します。日本独自の在来種もありますが、現在の市場の主流は中国種です。穴があいているので「先が見通せる」としてお節料理やちらしずしなど、お祝い事の料理に登場します。なお、この穴は平均して10個あるといわれます。

☑ 栄養成分

意外にもエネルギーが高い野菜ですが、一度に食べる量は少ないため、あまり気にすることはないでしょう。100gあたりビタミンCの含有量が48mgと意外に多く含まれます。切ると糸をひくのは、粘りの成分が含まれているからです。胃などの粘膜を保護する働きがあるので、ビタミンCとともに風邪予防に期待できます。

☑ ワンポイントアドバイス

レンコンのビタミンCは豊富なでんぷん質に守られ、加熱に強いのが特徴。また加熱の仕方で食感も異なるのも魅力のひとつ。さっと火を通すとシャキッと、さらに加熱するともっちりとした食感に。また、すりおろして加熱するととろみが出るので、鍋にしても美味。酢を入れてゆでると白くきれいに仕上がります。

第2章 野菜・果物の事典 / 淡色野菜

野菜ソムリエの簡単レシピ

レシピ作成：鈴木和代

レンコンもち鍋

すりおろしたものとみじん切りのレンコンでレンコンもちを作る。片栗粉と塩、しょうゆを入れて味付けしてから練り、ひと口大にして油で揚げる。味付けしただしを鍋に入れ、キノコ類、根菜、ハクサイ、えびしんじょとともに、レンコンもちを入れる。

材料（2人分）
レンコン…600g　片栗粉…大さじ2　塩…少々
うす口しょうゆ…小さじ1

【だし】
だし汁…4カップ　うす口しょうゆ…大さじ2　酒…大さじ2
みりん…大さじ2　塩…適量　揚げ油…適量
その他、キノコ類、根菜類、えびしんじょなどお好みで適量

ゴボウ

Edible burdock／キク科

 winter

- ◉原産地　欧州、シベリア、中国東北部
- ▮保存　洗いゴボウはラップなどで包んで冷蔵庫に。土付きのものは新聞紙などで包んで冷暗所で。

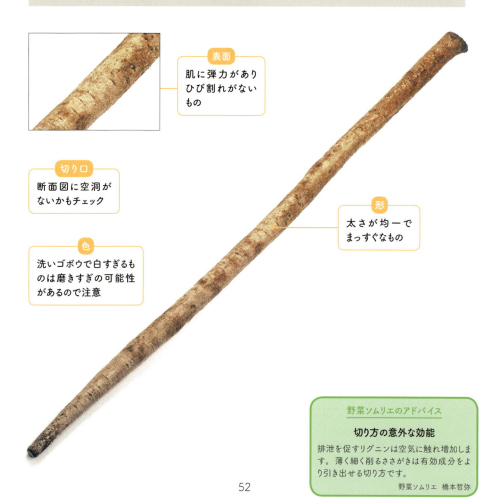

表面
肌に弾力がありひび割れがないもの

切り口
断面図に空洞がないかもチェック

色
洗いゴボウで白すぎるものは磨きすぎの可能性があるので注意

形
太さが均一でまっすぐなもの

野菜ソムリエのアドバイス

切り方の意外な効能

排泄を促すリグニンは空気に触れ増加します。薄く細く削るささがきは有効成分をより引き出せる切り方です。

野菜ソムリエ　橋本哲弥

歯ごたえと独特の香りを楽しむ

☑ なりたち

日本原産ではありませんが、食用とするのは日本と韓国のみといわれます。初夏に出回る新ゴボウは、品種ではなく収穫直後という意味。通常のゴボウは、初夏に収穫して貯蔵したもので通年出回ります。

☑ 栄養成分

不溶性食物繊維のセルロースとリグニンが豊富で、腸の働きを刺激して便秘の解消に働いてくれます。水溶性の食物繊維も多く含まれ、コレステロールの吸収を抑制するといわれます。甘みのもとはオリゴ糖。同じく"おなかスッキリ"に働きかけてくれます。うま味成分のグルタミン酸は皮の部分に多く含まれます。調理する際は、皮はむかずに包丁の背で皮をこそげ落とす程度にするとよいでしょう。しわしわにしたアルミ箔で軽くこすってもOK。

☑ ワンポイントアドバイス

アクがあるので、水にさらしてから使うことが多いのですが、アクもポリフェノールの一種。長時間水にさらすと、同時にうま味も逃げてしまうで、さっとさらすだけに。特に新ゴボウはアク抜きしなくても大丈夫です。

種類あれこれ

滝野川ゴボウ

江戸初期から東京の滝野川付近で栽培されていたことが名前の由来。長根種で、現在最も出回る品種はこの系統。太さは3cm、長さは1メートルほど。

大浦ゴボウ

短根種で、生長すると直径10cmほどにもなる。中が空洞になっているので、詰め物をして煮込みにも。千葉県の成田山新勝寺に献上されているという。

葉ゴボウ

特定の品種ではなく、未熟なゴボウのこと。地上に出たやわらかな葉茎と若い根を食用とする。葉もゴボウ特有の香りが楽しめる。

ダイコン

Radish／アブラナ科

❄ winter

🌐 **原産地** コーカサスから地中海東部、中央アジアにまたがる地域のどこか
🟢 **保存** 冬はぬらした新聞紙に包んで冷暗所で。夏はラップに包んで冷蔵庫へ。蒸発を防ぐことがコツ。

葉
（青首ダイコンの場合）
葉の近くは青く、白い部分はしっかりと白くなっているもの

葉
葉付きの場合は、葉が新鮮なものを選ぶ

皮
皮にツヤとハリがあり、毛穴があまり深くないもの

断面
カットされているものは、スが入っていないかどうかを確認する

> **野菜ソムリエのアドバイス**
>
> **世界のダイコン**
>
> 種類はヨーロッパ・中国・日本の3つに分けられ、各々の土地や風土にあった品種が栽培されています。
>
> 野菜ソムリエプロ　北川みゆき

部位によって使い分けを

☑ なりたち

春の七草「すずしろ」として、昔から親しまれている野菜です。一年中出回りますが冬においしくなります。今の主流は首の部分が緑色の青首ダイコンですが、各地域で品種があり辛みも異なります。食味は部位によっても異なります。葉に近い部分はかたいのでサラダに。真ん中の部分はやわらかく甘みがあるので煮物に。先端は辛みが強いのでおろしに向いています。

☑ 栄養成分

消化酵素のアミラーゼを含み、生食すると、胃もたれや胸やけの解消に効果が期待できます。また、葉に近いほどビタミンCや食物繊維が多く含まれています。ちなみに、ダイコンの葉は緑黄色野菜。根には含まれないカロテンをはじめ、カルシウム、ビタミンCも多く含まれています。

☑ ワンポイントアドバイス

葉付きのものを買ったら、すぐに葉と根を切り離しましょう。そのままでは、葉が根の養分を吸い上げ、鮮度が落ちてしまうのです。葉は栄養価が高いので、みそ汁や菜めし、炒め物にするなど料理に活用したいところです。

種類あれこれ

三浦ダイコン

神奈川県三浦地方の特産で、大きいものは4キロほどにもなる大型の品種。葉に近い部分が細く、真ん中がふっくらとしている。煮くずれしにくいのに煮込みにも最適。

レディーサラダ

三浦ダイコンを片親にもち、皮は赤く、果肉は白い。色合いがきれいなので、皮をむかずに調理し、特徴を活かすとよい。サラダやバーニャカウダにも向く。

聖護院だいこん

巨大なカブのような姿をし、大きいもので2キロ以上にもなるという大型種。古くから京都市の聖護院地域で栽培されており、京都の伝統野菜のひとつ。甘みがあり、おもに煮物に使われる。

ネギ

Welsh onion／ユリ科（ネギ科）

 winter

🌐 原産地	中国西南部
📗 保存	根深ネギは新聞紙などに包んで冷暗所に保存。使いかけのものは乾燥を防ぐためにもラップに包んで冷蔵庫へ。

葉
（根深ネギ・葉ネギ）
葉先までピンとしている

色
（根深ネギ）
白い部分が多く、白と緑の境目がはっきりしている

全体
（根深ネギ）
適度な重さがあり、身がふかふかしていない

表面
（根深ネギ）
肌に光沢がある

野菜ソムリエのアドバイス

根深ネギも丸ごと利用

根深ネギの緑部分は緑黄色野菜に匹敵する栄養価が！
細かく刻んで汁物や卵焼きなどに混ぜ込み、無駄なく使い切りましょう。

野菜ソムリエ上級プロ　高崎順子

独特の香りで風邪予防

✅ なりたち

　白い部分を食べる根深ネギと、葉の青い部分を食べる葉ネギに分かれ、東日本では根深ネギが一般的です。葉ネギは根深ネギよりも葉がやわらかく、一年を通して品質はあまり変わりませんが、根深ネギは冬においしくなります。歴史が古い野菜のひとつ。かつては「キ」と呼び、これは「臭気」という意味をもっていました。

✅ 栄養成分

　におい成分の硫化アリルは、肉や魚のくさみを取るほか、ビタミンB_1の吸収を高め、疲労回復、睡眠改善などの効果が期待されます。また、辛み成分には、殺菌作用や、体を温める効果も。日に当たっている緑色の部分に栄養素が多いため、葉ネギのほうが栄養価は高くなります。ちなみに、根深ネギは淡色野菜、葉ネギは緑黄色野菜です。

✅ ワンポイントアドバイス

　根深ネギは白い部分が多いほど良品で、加熱するとトロリと甘くなります。鍋ものにするときは、火の通りをよくするためななめ切りに。また、薬味などに使用する場合は、水にさらすと辛みがやわらぎます。

種類あれこれ

赤ネギ

葉鞘の外側は赤紫だが、一枚皮をむくと中は真っ白。赤い色素はアントシアニンによるもので、煮ると独特の甘みが出る。茨城県水戸市周辺の特産で、別名レッドポワローとも呼ばれる。

下仁田ネギ

群馬県下仁田町の特産。葉鞘が直径4cmほどにもなる。太くて短く、生では辛みが強いが、煮るととろりとして濃厚な甘さが出ることが特徴。かつて、殿様にも献上されていたことから「殿様ネギ」とも呼ばれる。

リーキ

下仁田ネギに似た姿をし、葉鞘が太い。地中海原産の欧米の品種。煮ると独特の甘みが出る特性も下仁田ネギに似ている。下の白い部分のみを食べる。別名ポロネギ。

ハクサイ

Chinese cabbage／アブラナ科

 winter

- 🌐 原産地　中国華北。東南アジアから中近東という説も
- 🥫 保存　カットしたものや、夏場はポリ袋などに入れて冷蔵庫で保存。

葉
葉がみずみずしく、巻きがしっかりとしている

重さ
胴がしっかりとはり、ずっしりと重いもの

断面
カットされているものは、芯が高すぎない。また、時間とともに葉が生長して盛り上がってくるので断面の葉が盛り上がっていない平らなものを選ぶ

野菜ソムリエのアドバイス

生でも加熱しても

煮込んでトロトロになったものもおいしいですが、生食だとシャキシャキの食感に。いろんな食感が楽しめます。

野菜ソムリエプロ　久保田まゆみ

貯蔵性が高い大型野菜

✅ なりたち

葉は淡い緑色ですが、生長すると白い葉茎が伸びることからこの名前がつけられました。葉野菜の中では非常に貯蔵性が高く、丸のままであれば長期間保存することができます。みずみずしく、クセがないためどんな料理にも合わせやすく、おもに冬の鍋物に使われることが多いでしょう。

✅ 栄養成分

約95％が水分で栄養価は高くはありませんが、利尿作用のあるカリウムや、ビタミンCも含んでいます。霜にあたったほうが、うま味は増します。これは、寒さから身を守るために、デンプンがショ糖に変わり甘みが増すからなのです。大型野菜ですが、加熱することでカサが減るためたくさん食べられます。

✅ ワンポイントアドバイス

熱に弱いビタミンCをしっかりとりたい場合は、葉に直接熱湯を回しかけるだけでも十分。多少しんなりして食べやすくなるものの、シャキシャキとした食感も楽しめ、煮るよりもビタミン類の損失は少なくて済みます。

第2章 野菜・果物の事典　淡色野菜

種類あれこれ

ミニハクサイ

片手にのるほどの小型の品種。小さめなので、一人暮らしの人でも使い勝手がよく、使いきれるサイズで人気。

黄味小町／写真提供：㈱サカタのタネ

サラダミニハクサイ

ほんのり甘くて柔らかく、生でもおいしい品種。葉に毛じ（※）がないため、口当たりもまろやか。鍋物や浅漬け、サラダにも。

タイニーシュシュ／写真提供：㈱サカタのタネ

オレンジハクサイ

芯が淡いオレンジ色が特徴。青臭さが少なく、甘みが強い。歯切れも良いので、生食にも向いている。

※毛じ（毛茸）：食物の葉や果実の表面に生じる産毛。一般的なハクサイでは葉の裏に見られる。

サヤインゲン

Kidney beans／マメ科

 spring

🌐 原産地	南メキシコ、中南米
🥫 保存	ポリ袋などに入れて冷蔵庫で保存。鮮度劣化が早いので、できれば早めに食べましょう。

形
すらりとまっすぐでまめが目立たないもの

皮
皮が薄く、ハリのあるもの

色
緑色が鮮やかでみずみずしいもの

端
両端がしなびていないもの

野菜ソムリエのアドバイス

年に3度

年に3回収穫できることから三度豆との別名も。丸さや、ひらさやなど種類も多く、食卓に彩りを添えてくれます。

野菜ソムリエ上級プロ 持田成子

生長中のサヤインゲン。

成長途中の若いさやを食べる

✅ なりたち

　未熟なさやを食用としたもので、未熟な状態で食べるものは野菜に、完熟させたものはマメに分類されます。日本に入ってきた時期や名前の由来には諸説ありますが、江戸時代に隠元禅師が伝えたことから、この名前が伝えられたという説が有力になっています。

✅ 栄養成分

　野菜として食べられていますが、マメ科ということもあり、マメ類と同様にたんぱく質が比較的多く、ミネラル類も野菜の中では多く含まれ、マメと野菜の両方の特徴を兼ね備えています。

✅ ワンポイントアドバイス

　未熟なさやなので生では食べません。歯ざわりが特徴的でもあるので、熱湯でさっとゆでる程度にし、かためかなと思うところで取り出し、余熱で熱を通します。炒める場合、青くささが気になる人は、あらかじめさっとゆでておくと良いでしょう。現在では、筋を取る必要のないものも多くなっています。

第2章 野菜・果物の事典

緑黄色野菜

 野菜ソムリエの簡単レシピ　　　　　　　　　　　レシピ作成：安武 彩子

サヤインゲンのオイスターソース炒め

サヤインゲン、パプリカ、ジャガイモ、豚もも肉は全て5mm幅程度に揃えて切る。豚もも肉は、塩、こしょう、酒、片栗粉で下味を付け、ごま油をいれたフライパンで豚肉、野菜の順に炒め、オイスターソース、ホタテだし、砂糖、塩、こしょうで味を調える。

材料（2人分）
サヤインゲン…半袋　　　　パプリカ（赤、黄）…¼個
ジャガイモ…1個　　　　　豚もも肉…100ｇ
オイスターソース…大さじ1　ごま油…適量
塩・こしょう、酒、片栗粉、ホタテだし…各少々

アスパラガス

Asparagus／ユリ科（キジカクシ科）

 spring

原産地	南ヨーロッパ
保存	冷蔵庫で立てて保存を。呼吸量が多く、鮮度劣化が早いので、買ったらすぐ食べましょう。

産地
海外産より国産ものできれば居住地に近い産地のもの

頭
穂先がびしっと詰まって真っすぐなもの

色
全体に緑色が濃く、穂先がふっくらとして紫がかっているもの

形
はかまはできるだけ正三角形のもの

切り口
切り口ができるだけ円形でみずみずしく、鮮度のよいもの

野菜ソムリエのアドバイス
素材を生かした食べ方を
塩、粗挽き黒こしょう、オリーブオイルを適量ふってアルミホイルに包み、オーブントースターで数分焼けば、香りも楽しめます。
野菜ソムリエプロ　北川みゆき

春を告げる緑黄色野菜

☑ なりたち

　春を告げる野菜のひとつで、葉や枝が出る前、これから成長するための栄養が詰まった若い茎を食用としたもの。グリーンとホワイトがありますが、これは品種による違いではなく、栽培法によるもの。最初から日に当てずに栽培したものがホワイト、日に当てたものがグリーン。近年では、紫色のものも出回るようになりました。1日に7㎝程度も生長し、放っておくと2mほどにまで育ちます。

☑ 栄養成分

　アミノ酸の一種であるアスパラギン酸を含み、特に穂先に多く含まれるとされます。このアスパラギン酸は、エネルギー代謝を促して疲労回復に働いてくれます。血を補う働きのある葉酸も含むので、とくに貧血気味の人は、積極的に食べたいものです。

☑ ワンポイントアドバイス

　栄養価の落ちるスピードが速いので、買ったらすぐに食べましょう。住んでいる地域に近い産地のものを選ぶことも大切。産地からの輸送の時間が短くなれば、鮮度劣化も少なく、栄養価が高いものを手にすることができるので、産地チェックは欠かさずに。

第2章 野菜・果物の事典　緑黄色野菜

種類あれこれ

ホワイトアスパラガス

光を遮断し軟白栽培したもの。栄養価は、グリーンのものと比べれば劣るが、ほろにがさややわらかさを楽しむことができる。

パープルアスパラガス

濃い紫色をしており、この色はアントシアニンによるもの。加熱すると退色して深いグリーンに変化。生食もでき、さわやかな味わいが特徴。

ミニアスパラガス

品種ではなく、通常のアスパラガスで細いサイズの先端をカットして出荷したもの。日本での出現率は低く大半がタイやフィリピンからの輸入。

ニラ

Chinese chive／ユリ科（ネギ科）

  spring & winter

- 原産地　中国、インド
- 保存　できれば新聞紙に包んでから冷蔵庫で立てて保存を。日持ちがしないので早めに食べ切って。

【葉】
◎葉の先までピンとハリがありみずみずしいもの
◎葉が肉厚で幅が広いもの

【色】
葉の緑色が濃く鮮やかなもの

ニラの花。

野菜ソムリエのアドバイス

おすすめ！　ニラ醤油

ニラをみじん切りにして保存容器に入れ、醤油、煮切りみりん、ゴマ油、唐辛子などと合わせると、風味豊かな万能調味料に。

野菜ソムリエ上級プロ　高崎順子

薬効の高いパワフル野菜

☑ なりたち

　漢方では血流をよくするとされ、冷えが気になるときなど積極的に食べたい野菜のひとつ。一般的な緑色のニラに加え、緑色のものを日に当てずに栽培した黄ニラ、つぼみのついた若い花茎の花ニラもあります。本来の旬は冬から春にかけてで、出荷量は春先に多くなっています。キャベツほどの差はないものの、冬や春のニラは葉がやわらかく、夏のものは葉が厚くかためと差があります。

☑ 栄養成分

　香りのもとはアリシンで、ビタミンB_1の吸収を高めるなど、疲労回復に役立ちます。なお、黄ニラよりも、緑のニラの方が総じて栄養価が高く、特にカロテンは格段に多く含まれます。

☑ ワンポイントアドバイス

　アリシンによる疲労回復効果を狙うなら、ビタミンB_1を含む素材と組み合わせます。ビタミンB_1は野菜ではグリーンピースやエダマメ、ソラマメ、芽キャベツやニンニクに多く含まれます。独特のにおいに薬効がありますが、苦手な場合はみそ汁に入れるとにおいが薄れ、食べやすくなります。

第2章 野菜・果物の事典

緑黄色野菜

 野菜ソムリエの簡単レシピ　　　　レシピ作成：大澤 秀一

黄ニラのフォー

鍋に水を入れて沸かし塩を入れ、松の実、鶏ひき肉、卵白と塩を混ぜ合わせて寝かせたものを、ひと口大の大きさに丸くまとめて静かに入れる。かためにゆでたフォーとネギ、ニラを加えて、ひと煮立ちさせます。器に入れ、好みでクコの実を散らし、ナンプラーとごま油をたらす。

材料（2人分）
黄ニラ…1パック　　　長ネギ…¼本　　　松の実…小さじ1
鶏むねひき肉…150ｇ　卵白…½個 ＋ 塩…小さじ1
塩…小さじ2　　　　　フォー…100ｇ
ナンプラー、ごま油、クコの実…好みで

トマト

Tomato／ナス科

 summer

⊕原産地	ペルー、アンデス山脈、メキシコ
保存	ポリ袋などに入れて保存を。まだ青味が残るものは、常温で保存して追熟させます。

ヘタ
ヘタが鮮やかな緑でピンとはって元気なもの

皮
皮にハリとツヤがあるもの

形
丸みがありきちんと重さがあるもの

表面
おしりにスジが放射状に広がっているものは、味のバランスがよい

野菜ソムリエのアドバイス

スペインのトマト料理

スペインの冷製スープ「ガスパチョ」。スペイン人にとっては、日本でいうみそ汁のような、おふくろの味です。

野菜ソムリエ上級プロ　クボジュン

真夏の太陽を浴びて育つ赤い実

☑ なりたち

　本来の旬は夏ですが、栽培技術の向上で通年出回っています。トマトの成長は日照時間と生育期間で決まるため、暑い夏は速いスピードで生長し、大きめで水分の多い、あっさりとした味に。春や秋口はゆっくりと生長し、小ぶりですが、その分中身がぎゅっと濃く、第二の旬ともいわれます。

☑ 栄養成分

　真っ赤な色はカロテンの一種、リコピンによるもの。これには、カロテンよりも強力な抗酸化作用があり、また赤色が濃い方が、より多く含んでいるといわれます。ビタミンCやカリウムは、100gあたりの含有量は多くないものの、トマトは一度に多くの量が食べられるので、栄養素を効果的に摂取することができます。

☑ ワンポイントアドバイス

　たくさん手に入った際には、オーブンで焼いてドライトマトにし、オリーブオイルに漬けておけば1か月ほど保存可能。ミニトマトは普通のトマトに比べ、ビタミンC含有量は2倍です。その他の栄養素も多く含まれています。近年では、多数の品種が出回っているので、料理に合わせて選ぶことができます。

第2章 野菜・果物の事典

緑黄色野菜

種類あれこれ

桃太郎
現在流通している大半が1983年に登場したこの品種。大玉でゼリー部が多い。完熟で、酸味と甘みのバランスがよく、日持ちもする。

ファースト
大玉で、先端がとがっているのが特徴。桃太郎登場以前の主流品種で、ゼリー部分が少なくくずれにくい。品種改良により、先がとがっていないものも。

フルーツトマト
品種ではなく、高糖度トマトの総称。水分を控えて栽培することで小ぶりになり、その分甘みやうまみが凝縮され、濃厚な味わいに。

ピーマン

Sweet pepper／ナス科

summer

- 🌐 原産地　熱帯アメリカ
- 📦 保存　ポリ袋などに入れて冷蔵庫で保存を。傷みが移りやすいので、傷んだものは取り除きます。

形
上下が太く中が細くしまっているもの

皮
皮にツヤとハリがあり身がふかふかしていないもの

ヘタ
ヘタがピンとはっていて黒ずんでいないもの

野菜ソムリエのアドバイス
切り方でみせるバリエーション

横に切った切り口は花の形。その形を生かして盛り付けカップに。鮮やかな色は彩りも加えてくれます。

野菜ソムリエプロ　久保田まゆみ

辛みのないトウガラシ

✅ なりたち

トウガラシの中で、辛みのないものがピーマン、大型種をパプリカと呼びます。一般的な緑色のピーマンは未熟果で、完熟すると赤くなります。これが赤ピーマンです。完熟させると、ピーマン特有の香りが薄くなり、甘みも強まります。品種改良により独特の香りもおだやかなものが多くなり、フルーツピーマンと呼ばれる甘みのある品種も。

✅ 栄養成分

ピーマン独自の香りはピラジンという成分によるもの。ビタミンCやE、カロテンと、抗酸化パワーが強い栄養素が多く、アンチエイジング効果も期待したいところ。赤ピーマンの赤色の色素であるカプサンチンにも強力な抗酸化力があります。

✅ ワンポイントアドバイス

同じピーマンでも、色により栄養価が若干異なります。緑と赤のものを比較すると、食物繊維は緑色の方が多く含み、ビタミンCは赤の方が緑の2倍以上多く含みます。カロテンも赤の方に多く含まれるなど、熟す段階によって中身に変化が生じるのです。赤のほうが甘みも強くなります。

第2章 野菜・果物の事典

緑黄色野菜

野菜ソムリエの簡単レシピ

レシピ作成：富永 裕子

ピーマンのふわふわ揚げ

ピーマンは縦半分に切り、種を取って水気をきる。エビは細かくたたき、ヤマイモをすり鉢ですりおろす。片栗粉、塩、しょうゆを加え、角切りにしたクリームチーズを加え混ぜ、ピーマンの内側に片栗粉をふった中に詰め、低温の油でじっくり揚げる。

材料（2人分）
ピーマン…2個　　　エビ…40g　　　　ヤマイモ…40g
クリームチーズ…15g　片栗粉…小さじ1　塩…少々
薄口しょうゆ…小さじ¼　揚げ油、片栗粉…適量

カボチャ

Pumpkin／ウリ科

 summer

- 原産地　中米、南米北部（日本カボチャ）、中南米（西洋カボチャ）
- 保存　丸のままであれば1～2ヶ月程常温で保存可。カットしたら種とワタを取り除き、ラップで包み冷蔵庫で保存。

ヘタ
ヘタがからからに乾いてコルク状になっているもの

種
種がふっくらとしてぎっしり詰まっているもの

重さ
ずっしりと重いもの

野菜ソムリエのアドバイス
レンチンで下ごしらえ
切る前にラップで包んで電子レンジ加熱をすると、切りやすくなります。使う用途によって加熱時間は調節しましょう。

野菜ソムリエ上級プロ　高崎順子

カロテンを多量に含む健康野菜

☑ なりたち

　大きく分けて西洋カボチャ、日本カボチャ、ペポカボチャの3種類あり、現在の主流は西洋カボチャ。夏が旬であるカボチャが、冬至に食べられるのは、貯蔵性と栄養価の高さによります。適切に保存すれば冬まで保存が可能。収穫直後は甘みが少ないのですが、貯蔵の過程ででんぷん質が糖質に変わり甘みがアップ。なお、ズッキーニはペポカボチャの一種で、開花直後の未熟果を食用としているものです。

☑ 栄養成分

　果肉の黄色は、カロテンによるもので、肌や粘膜を強化し、風邪などを予防してくれます。漢方では、体を温めるとされるので、冷え性の人は積極的に食べたいものです。種はビタミンEが多く、カロテン同様に抗酸化作用が期待できます。

☑ ワンポイントアドバイス

　含まれているカロテンやビタミンEは脂溶性なので、油と一緒に調理することで、吸収力が強まります。また、カボチャは収穫してから時間をおくと、でんぷん質が糖化し、甘みが増します。甘い方が好きな人は、ぜひ時間を置いてから食べましょう。

第2章 野菜・果物の事典

緑黄色野菜

種類あれこれ

日本カボチャ

水分が多くて甘みが薄く、ねっとりとしている。あっさりとした味わいなので、煮物などの和食に向く。代表品種の「黒皮」のほか「菊座」など。

西洋カボチャ

現在流通しているカボチャの大半を占める。日本全国で栽培されており、ほっくりとして甘い。ソテーやフライなどさまざまな料理に合う。

坊ちゃんカボチャ

1個が500g程度と片手にのるほど小ぶり。一度に食べきれるため、使い勝手良し。甘みが強くほくほくとしている。丸ごと食べるレシピがおすすめ。

ニンジン

Carrot／セリ科

  autumn & winter

- 原産地　アフガニスタンのヒンズークシ山麓、ヒマラヤ
- 保存　暑い時期はポリ袋などに入れて冷蔵庫に入れます。それ以外は常温で保存が可能。

軸
軸の切り口が細いものは、芯が細くてやわらかい

色
首の部分が青いもの、黒ずんでいるものはかたいので避ける

表面
色ツヤがよく、ひげ根が少ないもの

野菜ソムリエのアドバイス

ニンジンが余ったら……

使い残しのニンジンは、すりおろすかみじん切りにして保存袋に入れ、冷凍しましょう。スープや炒め物にそのまま使えて便利です。

野菜ソムリエ上級プロ　高崎順子

緑黄色野菜の代表格

☑ なりたち

時期をずらして全国各地で栽培されているため一年中出回っていますが、一番おいしい時期は秋から冬にかけて。日本では、江戸時代から栽培されていたとされます。かつて子供の苦手な野菜として登場することもあったニンジンですが、品種改良も進み今や人気の野菜となっています。

☑ 栄養成分

ニンジンの栄養素といえばカロテン。カロテンという名前はニンジンの英語名「キャロット」からきていることからも、その多さがうかがえます。カロテンは肌をつややかに保ち、眼精疲労をやわらげてくれます。免疫力を高め、風邪の予防にも効果的。葉には、根に少ないカルシウムが多く含まれているので、捨てずに食べたいものです。

☑ ワンポイントアドバイス

皮の近くに栄養素を多く含むので、気にならなければ皮をむかずに食べましょう。むいた皮はきんぴらやかき揚げにも。また、葉は炒め物やおひたし、細かく刻めばパセリ代わりにもなります。どちらも上手に使いましょう。

第2章 野菜・果物の事典

緑黄色野菜

野菜ソムリエの簡単レシピ

レシピ作成：篠原 絵里佳

ニンジンの彩りマリネ

ニンジンは細い千切りにし、塩をふる。パプリカは上部を切り、種を取り除いておく。ドレッシングでニンジンと松の実を和えて、パプリカの中に入れればできあがり。

材料（2人分）

ニンジン…1本	塩…小さじ ½	松の実…15ｇ
パセリ…少々	パプリカ…2個	レモン果汁…少々

【ドレッシング】
オリーブオイル…大さじ1 ½
酢…大さじ1　　砂糖…小さじ1　　こしょう…少々

ホウレンソウ

Spinach／アカザ科（ヒユ科）

 winter

- 原産地　西アジアから東部地中海地方
- 保存　暑さに弱いため冷蔵保存を。ポリ袋などに入れ乾燥を防いで、立てて保存しましょう。

色
葉が濃い緑色で葉先までピンとハリがあり、黄色く変色していないもの

葉
根元に近い部分から葉が生えて密集しているもの

根
根元に赤みがあり、軸が適度に太いもの

野菜ソムリエのアドバイス

根元までおいしく
たんぱく質や油と一緒に摂ると栄養を効率良く吸収。風味ある根元は切り離し、半分に切ってよく洗ってゆでます。

野菜ソムリエプロ　田尻良子

冬においしい緑黄色野菜の王様

✓ なりたち

東洋種と西洋種があり、東洋種は葉先がとがって葉肉が薄く、切れ込みが深いのが特徴です。これに対し、西洋種は葉先が丸く肉厚で、軸が太いものが多く、日持ちがします。現在の主流は、甘みの強い東洋種と育てやすい西洋種をかけ合わせた中間的な種類になっています。

✓ 栄養成分

緑黄色野菜の代表といわれるほど、カロテンが豊富。野菜の中でも栄養価が高く、特に女性に必要な栄養素、ビタミンCやB群、造血作用のある葉酸や鉄分などが多く含まれています。結石の原因ともいわれるシュウ酸を含みますが、生で大量に食べ続けない限り問題はないといわれます。

✓ ワンポイントアドバイス

通年流通しているホウレンソウですが、旬である冬に出回るもののほうが栄養価は高い。夏場のホウレンソウのビタミンC含有量は100ｇあたり20㎎なのに対し、ゆっくりじっくり育つ冬場のものは60㎎。なんと3倍も多く含んでいるのです。

種類あれこれ

サラダホウレンソウ
生食できるよう品種改良したもの。通常のものに比べて茎が細く、葉がやわらかくてアクが少ないのでサラダなど生食に向く。水耕栽培のものが多い。

寒じめホウレンソウ
ハウスの中である程度の大きさまで生育したところで外の冷気にさらす栽培方法で育てたもの。環境ストレスにより、甘さが増し、栄養価が高くなる。葉は肉厚で、色が濃く、ちぢれているのが特徴。

山形赤根ほうれんそう
山形県の在来種。東洋種で、根や葉の付け根が赤色をしているのが特徴。根が太く甘いので、捨てずに食べたい。山形市、天童市を中心に栽培。

ブロッコリー

Broccoli／アブラナ科

 winter

- 🌐 原産地　北海・英仏海峡、大西洋等ヨーロッパ海岸、地中海沿岸諸国
- 🥫 保存　冷蔵庫に入れて保存。すぐに食べない場合はゆでて冷凍も。

表面
つぼみのひとつひとつがかたく密集していて、色が濃い

形
形がこんもりと丸く盛り上がったもの

色
紫がかったものは寒さに当たり甘く、黄色いものは鮮度が落ちている

茎
茎の切り口がみずみずしく、スが入っていない

野菜ソムリエのアドバイス

手軽に食べられる品種に注目

わき芽とその先端の花蕾を食べる「茎ブロッコリー」をご存知ですか。栄養価が高く茎も食べやすい品種です。

野菜ソムリエ　橋本哲弥

つぼみも茎も、栄養満点

☑ なりたち

　小さなつぼみが集まったもので、そのまま置いておくと花が咲きます。茎には甘みがあり、つぼみ同様に栄養がつまっています。また、茎を食べるように品種改良されたものもあります。そのまま置いておくと黄色くなって花が咲き、糖質もでんぷんへと変わって味が落ちてしまいます。

☑ 栄養成分

　多くの栄養素をバランスよく含みますが、ビタミンＣの量は飛び抜けて多い緑黄色野菜です。ほかにビタミンＡやＥも含み、これらは「ビタミンエース（ＡＣＥ）」と呼ばれ、一緒に摂ることにより相乗効果で抗酸化力がよりパワーアップします。ビタミンＣを効率的に摂るため、さっと加熱することがポイント。

☑ ワンポイントアドバイス

　茎もつぼみ同様、栄養価が高く甘みもあって食味もすぐれているので捨てずに食べたいところです。筋ばった部分を取り除き、つぼみよりも少し長めに加熱したり薄切りにすれば、かたさも気にならなくなるでしょう。

第2章　野菜・果物の事典

緑黄色野菜

野菜ソムリエの簡単レシピ

レシピ作成：坂口 もとこ

お手軽グラタン鍋

ブロッコリーは下ゆでしておく。鍋に薄切りにしたジャガイモと牛乳を入れ、やわらかく煮る。ジャガイモを粗くつぶしてコーンクリーム缶を加え、塩、こしょうで調味する。ブロッコリー、ツナ、トーストしたパン、チーズをのせて、ふたをしてチーズが溶けるまで火にかける。

材料（2人分）
ブロッコリー…¼個　　　ジャガイモ…2個
牛乳…1カップ　　　　　コーンクリーム…小1缶
ツナ缶…1缶　　　　　　塩、こしょう…各適量
パン（クルトン）、チーズ…各適量

ジャガイモ

Potato／ナス科

 autumn

- 🌐 原産地　中央アンデス、チチカカ湖付近
- 🥫 保存　日の当たらない場所で常温保存。冷凍する場合は加熱してから保存しましょう。

ジャガイモの花。

形
◎ 丸みがあってデコボコがないもの
◎ しっかりとかたくしまっているもの

皮
皮が薄く、色が均一でしわがないもの

野菜ソムリエのアドバイス
芽が出てしまったら
日光に当たって緑色になった皮や芽には、有毒物質ソラニンが含まれています。丁寧に取り除きましょう。

野菜ソムリエ上級プロ　クボジュン

栄養豊富な「畑のリンゴ」

☑ なりたち

　名前の由来は、江戸時代にジャガトラ（現在のインドネシアのジャカルタ）から伝わったことから。いろいろな品種を手に入れることができ、ねっとり、ほっくりなど、食感の特徴もさまざま。調理に合わせて選べます。おもに新ジャガと呼ばれる収穫したてのジャガイモが2月～春にかけて出回り、その他の時期のものは貯蔵したものが出回ります。

☑ 栄養成分

　ビタミンCやカリウムが含まれ、ビタミンCは、シミやしわ予防にも。カリウムは、余分なナトリウムを排出し、むくみを軽減させるほか、高血圧予防になるともいわれます。ジャガイモに含まれる豊富なデンプンのおかげで加熱してもビタミンCの損失は少なくて済みます。主成分が炭水化物であるため、野菜と穀物、両方の役割を兼ね備えています。

☑ ワンポイントアドバイス

　栄養素は皮の近くに含まれます。特に皮が薄く、やわらかな新ジャガは、きれいに洗って皮ごと食べるのがおすすめ。みずみずしいのも特徴で、また火の通りが早いのも嬉しいところです。

種類あれこれ

男爵
一番広く出回っている品種。ほくほくとした粉質で、コロッケやサラダなど幅広い料理に合う。ただ、煮くずれしやすいのが難点。

メークイン
長卵形で、凹凸が少ないので皮がむきやすい。ねっとりとした食感で、煮くずれしにくいので、シチューや肉じゃがなどの煮込み料理に適している。

インカのめざめ
果肉が濃い黄色で甘みが強く、栗のような味わいともいわれる。近年人気が高まっており、小ぶりなものの方が味は濃く、料理だけでなくお菓子にもよく合う。

サツマイモ

Sweet potato／ヒルガオ科

 autumn

- 🌐 原産地　メキシコから中米
- 🥫 保存　冷蔵庫には入れず、常温で保存を。切ったものはラップなどで包んで冷蔵庫で保存します。

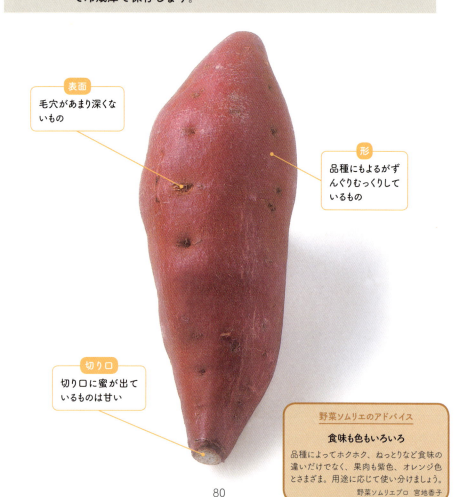

表面
毛穴があまり深くないもの

形
品種にもよるがずんぐりむっくりしているもの

切り口
切り口に蜜が出ているものは甘い

野菜ソムリエのアドバイス

食味も色もいろいろ

品種によってホクホク、ねっとりなど食味の違いだけでなく、果肉も紫色、オレンジ色とさまざま。用途に応じて使い分けましょう。

野菜ソムリエプロ　宮地香子

おかずやお菓子、お酒にも

☑ なりたち

　かつて、飢饉の時や戦後の日本の食を救ってくれた救世主というバックボーンがあります。そのまま食べるほか、芋焼酎やデンプンの原料とさまざまな顔が。食用とするのは根の一部が肥大した部分。品種によって、ほくほく、ねっとりなど特徴もさまざま。近年では多数の品種が出回っています。甘みがあるので「太る」と敬遠する人もいますが、じつは白米などと比べても格段にエネルギーは低いのです。

☑ 栄養成分

　食物繊維やビタミンCなども比較的多く含んでいるので、食事に、おやつにと積極的に摂りたいものです。なお、切ると出てくる白い液体はヤラピンといい、整腸作用があります。熱に弱いビタミンCですが、豊富に含まれるでんぷんが熱から守ってくれるので損失が少なく、効果的に摂ることができます。

☑ ワンポイントアドバイス

　干しイモは水分が抜ける分、相対的に食物繊維の含有量がぐっと増えます。ただし、カロリーも同時に増えるので食べすぎには注意するようにしましょう。

第2章 野菜・果物の事典 ／ イモ・キノコ類

種類あれこれ

紅あずま
現在の日本の主要の品種のひとつ。特に東日本で多く出回っている。甘みが強く、ほくほくしているので、料理はもちろんのことお菓子にも合う。

なると金時
西日本で人気の種類で、高系14号を鳴門海峡の砂地で作ったもののブランド名。甘みが強いのも特徴。同じ品種でも、加賀育ちのものは「五郎島金時」という名が。

紅はるか
九州や関東を中心に普及が拡大し、各地でブランド化が進んでいる。やや粉質で食感はしっとりとして滑らか。高い糖度が特徴で、焼き芋や料理、お菓子や焼酎などの原料に使われる。

サトイモ

Taro／サトイモ科

  autumn & winter

- 🌐 原産地　インドおよび、インドに近隣する中国
- 🥫 保存　乾燥を嫌うので、土付きのものはぬれた新聞紙などに包んで。皮がむかれたものは、冷蔵庫へ。

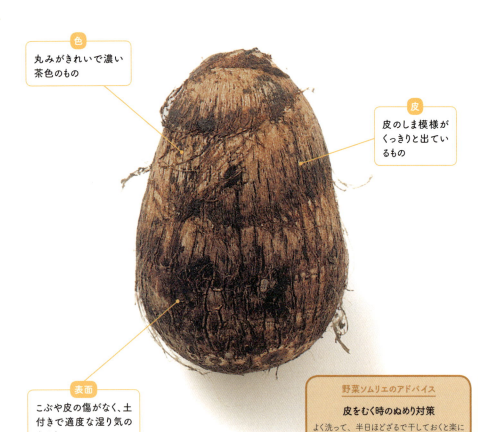

色
丸みがきれいで濃い茶色のもの

皮
皮のしま模様がくっきりと出ているもの

表面
こぶや皮の傷がなく、土付きで適度な湿り気のあるもの

野菜ソムリエのアドバイス
皮をむく時のぬめり対策
よく洗って、半日ほどざるで干しておくと楽に皮がむけます。シチューやグラタンなど洋風使いもおすすめ。

野菜ソムリエプロ　田尻良子

歴史の古い縁起物

✓ なりたち

日本でも古来から栽培され、稲作以前の主食だったといわれています。八頭をはじめ縁起のよいものとして、正月や祝いの席によく用いられてきました。8月から12月まで長期間さまざまな種類が登場します。「ハスイモ」という葉柄を食べるための品種もあります。

✓ 栄養成分

イモ類の中では一番エネルギーが低く、水分が多い。カリウムが多く、イモ類の中でトップトップクラスで、高血圧予防に期待できます。その他、ビタミンB群、食物繊維も多く含まれています。ぬめり成分は、粘膜を保護し、腸の働きを活発にさせ、血中のコレステロールを取り除く働きもあるとされています。

✓ ワンポイントアドバイス

土を洗って落として皮付きのままゆでて、冷水の中で皮をむけば、きれいにむくことができます。ぬめりは、塩で洗うことでも落とすことができますが、このぬめりにも薬効成分があるので神経質になる必要はありません。

種類あれこれ

土垂（どだれ）

全国各地で作られ、特に関東地方で多く栽培されている。関東では「サトイモ」の名で売られている大半はこの品種。ころんとした楕円形でねっとりとして、煮くずれしにくいのが特徴。

石川早生

土垂と並び、小イモの代表品種。粘りがあり、淡白な味わい。皮付きのまま蒸して調理する「きぬかつぎ」によく使われる。きぬかつぎという名は、平安時代の女性のかぶりものに似ていることから。

八つ頭

ひとつの種イモから子イモが八方に出ることが名前の由来で、親イモと子イモが塊状になっている。八が広がりを意味するということで縁起が良いとされ、お節料理にもよく使われる。

シイタケ

Shiitake／キシメジ科（諸説あり）

 autumn

- 原産地　日本および中国（アジア熱帯高地という説もあり）
- 保存　ポリ袋などに入れて冷蔵庫で保存します。生シイタケは天日に干し、乾燥させて保存も。

【形】肉厚でカサがあまり開いていないもの

【カサ】カサの裏側が白く、ヒダが細かいものが鮮度は良い

【軸】軸が太く短いもの

野菜ソムリエのアドバイス

調理はシンプルに！

ニンニクバターで焼いたシイタケステーキはいかが？　グリルでパリッと焼いて、しょうがとしょうゆで食べても◎。

野菜ソムリエプロ　北川みゆき

食物繊維が豊富で低カロリー

✅ なりたち

　キノコ類は総じてエネルギーが低く、食物繊維も多く含まれているので、積極的にとりたい食材です。シイタケは、日本の代表的な食用キノコ。自然の中で栽培する原木栽培の方が、香りも味もよいですが、現在の主流は、ハウス内で育てる菌床栽培によるものです。食感があるのは生シイタケですが、風味では乾燥シイタケに軍配が上がります。

✅ 栄養成分

　低エネルギーで食物繊維が豊富。たっぷり食べてもカロリーを気にせずすみ、お腹の掃除にも一役買ってくれ、ダイエッターの心強い味方です。ビタミンB群が多く、グアニル酸とグルタミン酸というアミノ酸の相乗効果で、うま味のもとが生まれ、だしがとれるのはこの成分のおかげです。ほかにシイタケ特有のアミノ酸、エリタデニンも含みます。

✅ ワンポイントアドバイス

　水に漬けると風味が落ちるため、汚れはふきんやペーパータオルで軽くふくだけに。調理のコツは、ゆっくり煮含めること。調理の前にカサを上にして日光に1〜2時間ほど当てるとうま味が増します。これは干しシイタケも同様です。

 野菜ソムリエの簡単レシピ　　　レシピ作成：佐伯 弥生

キノコ汁

シイタケはいちょう切りに。その他のキノコはは大き目にほぐす。鍋にだしと、鶏肉、酒を入れて火にかけ、キノコ各種を入れ、しょうゆ、塩で味を調えて、長ネギを加えたらできあがり。好みのキノコを入れて楽しんで。

材料（2人分）
ナメコ、シメジ、マイタケ、エノキダケ…各½パック
シイタケ…4枚　　　　　鶏もも肉…½枚
長ネギ…½本　　　　　　だし…600㎖
塩…適量　　　　　　　　しょうゆ…大さじ1
酒…小さじ1

バナナ

Banana／バショウ科

 all seasons

- 🌐 原産地　東南アジア
- 🗄 保存　寒さに弱いので、常温で保存を。バナナハンガーなどがあれば、かけておくと持ちが良くなります。

表面
シュガースポットの有無で好みの味を見極めて

軸
軸がしっかりとついているもの

色
青みが残らず全体に黄色が回っている

野菜ソムリエのアドバイス

バナナの甘みは調味料

お菓子作りの際に砂糖を減らしてバナナを使うと自然な甘みになり、とろんとした食感も楽しめます。

野菜ソムリエプロ　久保田まゆみ

季節を問わず人気のフルーツ

✓ なりたち

通年安定した値段で出回ります。生食、調理用など用途別に種類は多く、ほとんどがフィリピンやエクアドル、台湾などからの輸入もの。近年は沖縄県産など国産ものも出回っています。皮が緑色の調理用バナナは、もともと調理向けの品種のほか、通常のバナナを熟す前に出荷したものもあり、どちらも通常は加熱して食べます。ほくほくとした食感で、甘みが薄いので、さまざまな料理に向いています。

✓ 栄養成分

イモ類に並ぶほど、炭水化物が豊富で、ほかにカリウムや食物繊維のほか、ブドウ糖などの即効性のある糖質を含むので、スポーツ時のエネルギー補給などにも好まれています。

✓ ワンポイントアドバイス

時間が経つと皮の表面に現れる黒色の斑点は、シュガースポットと呼ばれるもので、甘みがのった印。全体がきれいな黄色のうちは、果肉がかたくあっさりとした味。斑点が出てくる頃になると、でんぷんが糖質に変わり、甘みが増し、食感もやわらかになります。好みのタイミングで食べましょう。

種類あれこれ

モラードバナナ

別名レッドバナナとも。フィリピンの野生種で皮は厚く、赤みがかったオレンジ色をしている。ほのかな酸味があり、すっきりとした甘みが特徴。

モンキーバナナ

品種名はセニョリータ。長さ7～9cm、太さ2.5cmほどの小型バナナ。非常に甘くてやわらかい。皮が変色しやすく、保存性は低いので早めに食べたい。

ツンドクバナナ

調理用のバナナで、長さ40cmほど、牛の角のような形をしている。皮つきのままゆでたり、焼いたりして、イモのように使う。スープやサラダにも。

イチゴ

Strawberry／バラ科

 spring

- 🌐 原産地　南アメリカ、チリ
- 🫙 保存　鮮度劣化が早く、栄養価が落ちるのも早いので、買ったらすぐに食べるのがベスト。

形
ヘタが青々としてピンとしているもの

色
色が均一のもの

表面
パックの裏も確認し、傷がないかをチェック

野菜ソムリエのアドバイス

イチゴは追熟しない

イチゴは収穫後に色づきが進んで赤くなることがありますが、追熟はせず、甘みは増しません。購入後は早く食べ切りましょう。

野菜ソムリエプロ　宮地香子

品種の多さは随一、の赤い果実

☑ なりたち

植物学的には野菜に分類されますが、実際の現場では果物として扱われます。かつては、春から初夏を代表する果物でしたが、ハウス栽培になったことで、秋から翌年の初夏頃まで出回るように。近年では栃木県生まれのとちおとめや、福岡県生まれのあまおうだけでなく、各都道府県に1品種といわれるほど、さまざまな品種が出回っています。

☑ 栄養成分

ビタミンCが多く、10粒ほどで成人の1日の目標摂取量をカバーできるほど。イチゴの赤はアントシアニンという成分によるもので、抗酸化作用が期待できます。ほかに、食物繊維の一種ペクチンや、虫歯の予防になるキシリトールも含まれています。

☑ ワンポイントアドバイス

洗うときはヘタを付けたままにしましょう。そうすると、水溶性のビタミンCが流れ出るのをおさえてくれます。先端に近づくにつれ、糖度が上がるので、ヘタの方から先端に向って食べ進む方が、おいしく感じられ、満足度も上がります。冷凍したものは、そのままミキサーにかけてジュースにも。

第2章 野菜・果物の事典 / 果物

 野菜ソムリエの簡単レシピ　　　レシピ作成：土方 康子

イチゴとバジルのアイスクリーム

イチゴは少し果肉が残る程度にミキサーにかけてピューレ状にしておく。また、バジルとレモン果汁もミキサーにかけ、ソースにしておく。市販のバニラアイスクリームにイチゴのピューレとバジルソースを混ぜ合わせ、冷凍庫で冷やし固めてできあがり。レモン果汁のかわりにオリーブオイルを使っても。

材料（2人分）
イチゴ…3粒
バジル…5枚
バニラアイスクリーム…1カップ
レモン果汁…大さじ1½

リンゴ

Apple／バラ科

 autumn

🌐 原産地　中近東、コーカサス地方
🫙 保存　基本的には常温保存でOK。長期間保存する場合は、ポリ袋に入れて冷蔵庫で保存を。

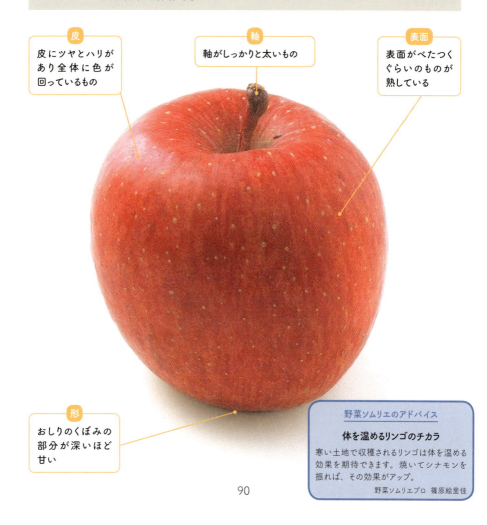

皮
皮にツヤとハリがあり全体に色が回っているもの

軸
軸がしっかりと太いもの

表面
表面がべたつくぐらいのものが熟している

形
おしりのくぼみの部分が深いほど甘い

野菜ソムリエのアドバイス

体を温めるリンゴのチカラ

寒い土地で収穫されるリンゴは体を温める効果を期待できます。焼いてシナモンを振れば、その効果がアップ。

野菜ソムリエプロ　篠原絵里佳

「医者いらず」といわれるフルーツ

☑ なりたち

「一日1個のリンゴは医者を遠ざける」といわれ、昔から愛されてきた果物。8月から翌年の5月まで、さまざまな品種リレーがあり、長期間楽しむことができます。「ふじ」が主流ですが、赤系、青系など、今では多数の品種が揃い、好みで選ぶことができます。

☑ 栄養成分

カリウムや食物繊維のほかは、目立った栄養素はありませんが、リンゴ酸も含み、殺菌作用や疲労回復にも効果があるとされます。食物繊維は、水溶性のペクチンがおなかの調子を整えます。カリウムには血圧の上昇を抑える働きが。「蜜入りリンゴ」と呼ばれる黄色がかった透きとおったものは、でんぷんが急激に糖に変わり、細胞からあふれたもの。蜜が入ったものは、樹上で充分に熟した印でもあるのです。

☑ ワンポイントアドバイス

食物繊維の一種であるペクチンは、加熱したり、すりおろしても効果は変わりません。便秘気味の時には、切ったものを電子レンジで加熱して食べるのも良いでしょう。加熱すると水分が減って実がくたっとし、量をたっぷり食べられるのでおすすめです。

種類あれこれ

紅玉
皮は濃い赤色。小ぶりで歯ざわりがよく、酸味がある。独特の香りを持っているため、この酸味を活かしてお菓子にもよく使われる。

ジョナゴールド
紅玉とゴールデンデリシャスの掛け合わせ。大ぶりで、黄色に紅の縞が入っている。ほどよい酸味があり、加工品にも。10月下旬より収穫される。

ふじ
世界における総生産量1位。国光とデリシャスの掛け合わせで青森県で誕生。果肉がかたく、甘みが強い人気の品種。11月上旬から出回る。

ナシ

Sand Pear／バラ科

autumn

- 🌐 原産地　中国の南西部
- 🫙 保存　ポリ袋に入れて冷蔵庫で保存します。まだ熟していない西洋ナシは常温保存しましょう。

【皮】
皮にハリがあり、色むらがなく、ツヤがある

【軸】
ずしりと重く、軸がしっかりしている

【やわらかさ】
適度なかたさがあるものは水分が多く、やわらかいものは熟しすぎの可能性がある

野菜ソムリエのアドバイス
知っていますか「梨尻柿頭」
ナシはお尻、カキはヘタ周辺の糖度が高いという意味です。食べる際には果実の上下も注意して見ましょう。

野菜ソムリエ　橋本哲弥

みずみずしい歯ざわりを楽しむ

☑ なりたち

　日本で栽培されているナシは、日本ナシ、西洋ナシ、中国ナシに分かれます。日本ナシは青系と赤系があり、二十世紀は青系。赤系には、幸水、豊水があります。シャリシャリとした食感から、日本ナシは「サンドペア」、まったりとしたバターに似た食感から、西洋ナシは「バターペア」とも呼ばれています。

☑ 栄養成分

　水分を多く含み、ほてりを冷ましたり、利尿作用もあります。日本ナシのシャリシャリとした食感は石細胞とよばれるもの。これは消化されず、食物繊維に似た働きをするので便秘解消にうまく役立てたいものです。肉類の消化を助ける酵素や、疲労回復に効果があるアスパラギン酸も含まれます。

☑ ワンポイントアドバイス

　皮に近い部分に強い甘みがあるので、皮は薄くむくとよいでしょう。そのまま食べるのはもちろん、凍らせてからすりおろしてシャーベットにしたり、特に西洋ナシはコンポートやジャムにも合います。日本ナシは、ずっしりとして適度にかたいものを選びましょう。西洋ナシは、やわらかく、香りが強くなったら食べ頃です。

種類あれこれ

幸水
赤ナシ系早生の代表品種。果肉は緻密でやわらかく、ジューシー。甘みが濃く、人気のある品種。8月中旬より収穫され、現在、最も栽培面積が大きい。

なつひめ
青くきれいな肌で、すっきりした味わいの青ナシ。みずみずしく、二十世紀よりも甘みが強い、鳥取県オリジナル品種。酸味が苦手な人にもおすすめ。

ラ・フランス
フランスが原産。果汁が多く、香りが良く、とろけるような味わい。西洋ナシの最高傑作ともいわれる。生食、加工にも適している。

ミカン

Satsuma orange／ミカン科

 winter

🌐 原産地	日本
📦 保存	冷蔵庫には入れず、冷暗所に保存。箱入りのものは傷みやすいので注意し定期的に入れ替えを。

【皮】
◎皮がふかふかせずにしっとりとしているもの
◎皮が薄いもの

【形】
大きすぎるものは甘みが薄い場合がある

野菜ソムリエのアドバイス
ミカンを焼くと甘くなる?
酸っぱいミカンがあったら、皮ごとトースターやグリルで焦げ目がつくくらい焼いてみてください。酸味が抜けて甘味が強くなります。

野菜ソムリエプロ 宮地香子

皆に愛される国民的果物

✅ なりたち

　ミカンといえば、温州ミカンを指しますが、イヨカン、ポンカン、キンカンなどもミカンの仲間。温州ミカンは日本を代表する果物のひとつで、江戸時代に栽培が始まりました。海外でもサツマオレンジなどと呼ばれ、栽培されています。9月から出荷される酸味の強い極早生からスタートし、徐々に甘みが強まり、3月頃に出回る晩生になると甘みは薄くなるというように、時期により味わいが異なります。

✅ 栄養成分

　ビタミンCを豊富に含みます。約3個で1日に必要なビタミンCがクリアできるほど。β－クリプトキサンチンは悪玉コレステロールの酸化を防ぎ、各種病気の予防に働くといわれます。クエン酸も豊富で、疲労回復の効果が期待できます。

✅ ワンポイントアドバイス

　皮をむくと現れる白い筋や実の薄皮には食物繊維が含まれます。白い筋は維管束といい、ミカンの中で栄養を運ぶ管。いわばミカンにとっての血管で、栄養が多く含まれます。筋には高血圧などを予防する成分が含まれ、袋には食物繊維が含まれます。取り除くのはもったいない、優秀な部分です。

柑橘あれこれ

ポンカン
インド原産。インドをはじめ、中国、東南アジア各国、ブラジルでも栽培される。ジューシーで酸味が少なく、甘みは強い。果肉は鮮やかなオレンジ色。

キンカン
ミカンの中では一番小さく、皮が薄いのでまるごと食べられる。完熟商品が出まわり、生食に人気。ビタミンCが100gあたり49mgと多く含まれる。

清見タンゴール
ミカンとトロビタオレンジの交配種。果汁が多くて甘みが強く、酸味が弱い。ナイフを使って皮をむきます。「清見オレンジ」と表記されることも。

ブドウ

Grape／ブドウ科

 autumn

🌐 原産地	カスピ海、コーカサス地方
🧴 保存	ポリ袋などに入れて冷蔵庫で保存を。できれば2～3日で食べ切りましょう。

つる
つるが緑色で枯れていないもの

皮
◎皮にブルームという白い粉のようなものがついているもの
◎皮にハリがありふっくらとしているもの

野菜ソムリエのアドバイス

種なしの新品種も続々…
種なしは食べやすくて人気上昇中。ジベレリンという植物ホルモン剤を使った処理で元々の品種を改良したものです。

野菜ソムリエ上級プロ 持田成子

ワインや酢などにも大活躍

☑ なりたち

大きく分けて、巨峰に代表される黒系、デラウェアなどの赤系、マスカット・オブ・アレキサンドリアなどの緑系の3種類に大別されます。レーズン、ワインなど、さまざまに姿を変えて楽しませてくれます。

☑ 栄養成分

ブドウ糖や果糖が多く、すばやくエネルギー源として働いてくれます。黒や赤系の皮に含まれる色素成分はアントシアニンで、ポリフェノールの一種。抗酸化作用が期待でき、とくに皮に多く含まれます。特に巨峰など、色が濃いものに多く含まれているといわれます。最近は皮ごと食べられる品種も多く、気にならなければ、皮ごと食べるのがおすすめです。

☑ ワンポイントアドバイス

ブルームとは白い粉のようなもので、鮮度が良い印。ぜひ選ぶときのポイントに。ブドウを干して作るレーズンは、水分が抜ける分、生のものよりも相対的に栄養価が上がります。生のままでは、栄養価は高くないものの、レーズンになるとカルシウムや鉄分が多くなります。ただし、同時に糖質やエネルギーも上がることを覚えておきましょう。

第2章 野菜・果物の事典

果物

野菜ソムリエの簡単レシピ

レシピ作成：藤崎 弘美

ピオーネジャム

ピオーネは皮ごと半分に切り種は取り除いておく。厚手の鍋にピオーネとグラニュー糖、レモン汁を入れ、軽く混ぜて一晩おいた後、鍋を強火にかけて煮立ってきたら中火にして混ぜる。アクをとりながら20〜30分程度煮詰めてできあがり。

材料（作りやすい分量）
ブドウ（ピオーネ）…1房（450〜500ｇ）
グラニュー糖…ピオーネの重量の20〜25％の分量
レモン果汁…大さじ1強

COLUMN　もっと知りたい！野菜の話

野菜ジュースの栄養素

　忙しい時でも手軽に飲める野菜ジュースですが、例えばトマト3個分のジュースを飲んだからといって、トマト3個分の栄養素を摂取できるわけではありません。市販の野菜ジュースは、製造過程で加熱殺菌が行われたり、喉ごしを重視して食物繊維が取り除かれたりと、ある程度栄養素が失われていることが考えられます。一方で、酸化防止などの目的でビタミンが添加されていることもあります。家庭やジューススタンドで生の野菜を使って作った野菜ジュースは、作ってすぐに飲めばかなりの栄養素が摂取できると考えられます。しかし、多くのビタミン類は空気に対して不安定で、ミキサーで撹拌したり作ってから時間が経過したりと、空気に触れる時間が長くなるとそれに従ってビタミン類が失われてしまいます。野菜を食べることは栄養素の面だけでなく、噛む力を鍛えたり、消化・吸収をすることで胃腸を健康に保ったり、低エネルギーであるにもかかわらずしっかりと満腹感を得られたりと、さまざまなよい効果が期待できます。野菜ジュースは、野菜が不足しているときの補助的なものや、食べ方のひとつとして捉え、まずはしっかりと野菜を食べることを習慣づけていきたいものです。

アクは身体に悪い？

　野菜には、アク抜きをして食べるものがあります。この「アク」とは、野菜や果物に含まれるえぐみや渋み、苦味などです。ホウレンソウに含まれるシュウ酸や、ナスやゴボウに含まれるクロロゲン酸（ポリフェノールの一種）など、その野菜や果物によって色々な成分のアクが含まれています。虫や鳥などから身を守るための手段として、えぐみや渋み、苦味を作り出すといわれています。一般的にアクは、調理過程で取り除かなくてはいけないと考えがちですが、一口にアクといっても、不味成分とされて嫌われるものもあれば、少量であれば独特の風味やうま味を持ち合わせて、おいしいと感じさせるものもあります。また、摂取しない方がよいとされているものもある一方で「フィトケミカル」として抗酸化作用が注目されているものもあり、身体に与える影響もさまざまです。一概に悪いものと決めるのではなく、それぞれの野菜の性質に合ったアクを取り除く調理を行い、おいしく食べたいですね。

第3章
野菜ソムリエの講座とは？

資格には3段階ありますが、まずは野菜ソムリエからチャレンジ。
受講するとどんな講義が待っているのか、次からのページで詳しく紹介します！

自ら楽しみ、伝える
ベジフル コミュニケーション

第1回目の講義はベジフルコミュニケーションです。野菜ソムリエの役割の1つは「野菜果物の魅力や感動を周囲に伝えていく」こと。人とのコミュニケーションだけでなく、野菜果物との接し方も「コミュニケーション」ととらえ、野菜果物の楽しみ方を学びます。野菜果物を楽しむ日常生活の中から「気づき」や「感動」が生まれ、それを身近な人に伝えていく……。このことが、野菜ソムリエとしての原点なのです。講師陣はアナウンサーやコンサルタント、野菜ソムリエ上級プロなど「人に伝えること」の専門家です。

おもなコンテンツの例

野菜ソムリエの役割	社会から求められる野菜ソムリエ像を考える
野菜果物との接し方	野菜果物の個性の見つけ方を学ぶ
表現力	「おいしさ」の表現方法を例に、頭を柔らかくして自由に表現することの重要性を学ぶ

Key word 1
伝えるチカラ

どんなに知識があっても人に伝わらなければ意味がありません。自分自身が感動した「野菜果物の魅力」が上手に伝えられてこそ、相手は「野菜を食べてみよう!」と心を動かされるものです。思いを共有し、共感してもらうことの重要性を学びましょう。

Key word 2
グループワーク

一方的な座学ではなく、双方向でのやり取りを重視しているので、グループに分かれて自己紹介や課題に取り組み、発表していただきます。初めは表情が硬い皆さまでも、自己紹介の後は一気に場が和みます。試験勉強の情報交換や活動のコラボレーションなど、今後の交流へとつながります。

> **講師からのメッセージ**
>
> # 野菜果物を楽しみながら、日常生活でのコミュニケーション力をアップしましょう!
>
> **高崎順子さん**（たかさきじゅんこ）
>
> 野菜ソムリエ上級プロ、食育マイスター。消費生活アドバイザー。大手食品メーカーにて商品開発、マーケティングリサーチ、食卓分析を担当し、数多くの企業に向けて企画提案やコンサルティングを実施。現在は野菜ソムリエ上級プロとして、野菜授業、料理教室、イベント企画、レシピ開発等を手がけながら、子どもが当たり前のように野菜を食べる社会の実現を目指している。

ベジフルコミュニケーションの2本の柱

野菜ソムリエ講座の1つの特徴は「コミュニケーション」の科目があることです。この「ベジフルコミュニケーション」は、まさに野菜ソムリエならではの言葉で大切な2つの意味が込められています。

1つめは、野菜果物を囲んでの「人と人とのコミュニケーション」。これには、野菜ソムリエが接する生活者の方々とのコミュニケーションや、生産者の方々との交流、野菜ソムリエ同士のつながりなどを含みます。野菜果物の知識は、書籍を読んだり、日々青果物と接して調理したりすることで積み重ねていくことができるのですが、「野菜ソムリエとしての心構え」や「コミュニケーションの取り方」を学ぶのはこの講義だけです。

2つめは「野菜果物と人とのコミュニケーション」、つまり野菜果物とどのように接するかということです。人と違って野菜果物は話すことができないので、こちら側から興味を持って観察したり、食したりして初めて魅力に気がつくのです。「今までは何気なく手に取っていたトマトもよく見ると隣のトマトとは違う」「今日購入したトマトも、翌日には色や固さなど変化が表れている」など、違った視点で野菜果物を捉えると、発見の連続です。

ベジフルコミュニケーションで学ぶ内容

講座初日に受講することが多い講義ですので、受講生の皆さまの間には緊張感が漂っています。その緊張をほぐし、今後続く講義をより楽しく充実して学んでいただくためのウォーミングアップも兼ねていますので、積極的に

第3章 野菜ソムリエの講座とは?

意見を出し合うことを重視しています。授業の中では、自己紹介も含め、何回かグループワークを行います。性別、年齢、ご職業も違う初対面の方々ですが、「野菜ソムリエになる」という共通の目的があることで、意気投合し、打ち解けられていく様子を拝見するのは、講師としてとても嬉しいことです。

それでは、講義でお伝えする内容を順番に見ていきましょう。

①導入「野菜ソムリエとは？」

まず、「野菜ソムリエとは、そもそも何をする人か」「社会から求められる役割は何か」をおさえていきます。「テレビで見たことがある」「雑誌に載っていた」「青果物売り場で試食を配っていた」など、さまざまなイメージや目撃情報を伺うことができますが、この「多様性」が野菜ソムリエ活動の特徴の1つです。野菜があるところには（それが畑・青果店・レストラン・家庭内どこであっても）、必ず野菜ソムリエの活動の場があります。そして、修了生の皆さまは、それぞれのフィールドで「野菜果物の魅力や感動を周囲に伝える」という役割を果たしていることをお伝えしています。

②野菜果物との接し方

ここでは、野菜果物の個性の見つけ方について学んでいきます。Aの野菜とBの野菜がどのように違うのか、特徴をどう捉えるのかというグループワークも行います。まさに目からウロコ。野菜果物にも人間同様に、さまざまな個性があることに気がつきます。例えば、見た目だけでも、大きさ・色・形……とありますし、どこで誰がどのように育てたのかも興味深い野菜ストーリーの一部ですよね。目の前にある野菜を多角的に捉え、個性を分析していくと自分と野菜の距離はグッと縮まります。まさに、「野菜果物とコミュニケーションがとれている」ということになるわけです。

日常生活の中で野菜果物に関するテーマを1つ決めてコミュニケーションを実践していくことで、継続的に楽しみながら、野菜果物について学んでいくことができます。受講生自身にも考えていただくのですが「毎日、何かの果物を1つは食べようと思う」「朝のジュースを工夫したい」「野菜スイーツを食べ歩く」など、ここでもたくさんの意見が集まります。受講生の表情が生き生きと輝く楽しい時間となっています。

③表現力

野菜果物と充分にコミュニケーションを取りながら接していくと「この品種は初めて食べる」とか「この食べ方

は新しい」など、さまざまな気づきや発見に出会います。野菜ソムリエは、野菜果物の魅力を伝える人なのですから、自分の心を動かした出来事をどんどんと発信してほしいのです。そこで必要になってくるのが「表現力」。自分自身の言葉で、相手に感動を伝えるというのはどういうことなのかを学びます。例えば「おいしい」という言葉は、とてもよく耳にする言葉ですが、実はあいまいで主観的な表現です。授業では「おいしさ」を分解しながら、表現方法について深掘りをしていきます。この作業は、課題である「ベジフルカルテ」を書く際にも役に立ちますし、「おいしい」というワードを使わずに野菜果物の魅力を表現することは、野菜ソムリエとして磨いておかなければいけないスキルの1つと言えるでしょう。

受講のポイント

◎ さまざまな職業の方が集まるので、受講生同士の異業交流も魅力的。
◎ 学んだ内容を日常生活の行動に落とし込むことで、仕事だけでなくプライベートでのコミュニケーション力も磨かれる。
◎ 食への意識が高まり、野菜果物を「選ぶ」「食べる」ことが楽しくなる。

\ 受講生の声 /

「おいしい」の表現はたくさんある!?
講座が始まる前は、なぜ野菜の講義でコミュニケーション？　と思ったけれど、講義を受けて「おいしい」の表現方法がたくさんあることを学びました。また、1人で参加したのですが、同じクラスの人と打ち解けることができたので、最初にこの講義があってよかった！

普段の生活でも早速使える
野菜・果物に対して感じたことを自分の言葉で表現するということは、簡単なようで難しいなと思いました。"野菜ソムリエ"という名前がついた意味が分かったような気がしました。日常生活で応用できる点が多かったので、参考にしたいと思います。

食物に対する姿勢が変化
普段付かずにいた食物に対する姿勢が変わっていく気がしました。野菜に対してはもちろんのこと、日常生活におけるコミュニケーションの仕方も考えさせられました。グループワークもあったので、あっという間の2時間でした。

第3章　野菜ソムリエの講座とは？

野菜・果物そのものに触れる
ベジフル入門 全3回

ベジフル入門は3回で構成されています。①では青果物の生産から流通までの知識を学び、②では野菜、③では果物についての見分け方や保存方法、特徴などを学びます。また、実際に食べ比べを行うことで野菜・果物に親しむきっかけを作ります。講師陣は、青果物のコンサルタントや研究員、有機JAS認定員など青果物に関わる専門家。日頃聞くことができない現場の話をわかりやすく伝えます。

おもなコンテンツの例

分類	野菜・果物の分類の種類
品種（種類）の特徴	野菜・果物の品種（種類）による差を知る
見分け方／保存方法	野菜・果物の適切な見分け方や保存の方法
青果物の表示	青果物の表示に関する法律や、店頭POPやラベルの読み方
食べ比べ	野菜・果物それぞれに、旬の素材の食べ比べを行う
ベジフルカルテ	個々の素材について調べ、記入してカルテを作成

Key word 1

食べ比べ

野菜・果物の食べ比べを行います。その時期に旬の素材を、それぞれ複数用意。同じ野菜であっても、種類によって味や見た目などの特徴に差があることを目で、舌で実際に体感することができるはずです。

Key word 2

その道のプロ

講義を担当する講師は、研究員やコンサルタントなど、青果物に関わる専門家。普段生活するうえではなかなか聞くことができない、青果物の現場の生きた情報に触れます。そして、生活者視点以外からの、青果物の姿を知ることができます。

> 講師からのメッセージ

予習、復習と受講生同士の つながりを大切に

藤掛 進さん
<small>ふじかけ すすむ</small>

一般社団法人日本食育者協会代表。栃木県の農家の生まれ。同志社大学卒後、有機農業運動に参加。有機農業団体を結成し、産直活動を行う。その後、食の安全や農業問題などを中心に講演活動を行う。京都大学大学院 農学研究科 生物資源経済学専攻 博士課程修了。青果学研究所 主任研究員。

楽しみながら、そして味わいながら学べるのが「ベジフル入門」

「ベジフル入門」では、全体を通して野菜や果物を生活の中で楽しんでいくために必要な基本知識を学びます。

野菜や果物がどうしておいしいのかといった秘密に迫ったり、買い物に役立つ良品の見分け方や、世にあふれるさまざまな情報の選択方法などの知識を習得します。

①では講義が中心になりますが、身近な存在であった野菜や果物の新たな面を発見できるためなのか、受講生たちは目を輝かせて話を聞いています。大切な要素が説明されたときなどは、大きくうなずいたり、ときには質問が飛び出したりしますので、一方的に講師が説明するだけという「退屈な講義」ではありません。

真剣な雰囲気になることが多いのですが、時には冗談が飛び出したりして大笑いになることもあります。緊張感のなかにもリラックスできる時間帯がある講義にしています。受講生を見ていても、本当に楽しまれている様子がわかります。

「ベジフル入門」では、座学の講義に加えて「食べ比べ」があります。この「食べ比べ」は、野菜や果物に関する知識がまったくない人には特に好評で、楽しみながら、そして味わいながらたくさんの知識が得られるようになっています。

具体的には、野菜や果物を勉強した後、その場ですぐに「食べ比べ」をします。これは、知識として得たことをその場で体験してもらうことで、その魅力を感じてもらうことが狙いです。糖度計(手持屈折計)を使った糖度測定も体験します。

もちろん食べ比べですから、ワイワイ、ガヤガヤとにぎやかになりますが、話題は食している野菜や果物についてなので、楽しい雰囲気でありながら真剣な会話が交わされます。

第3章 野菜ソムリエの講座とは?

「ベジフル入門」講座を受講するポイント

「ベジフル入門」では、3回の講義を通して、今まで気がつかなかった野菜や果物の魅力を受講生のみなさんに発見してもらうことを目的にしています。

そしてその魅力を楽しみながら、生活の中に生かしていけるようになってもらう。そのために必要な知識や知恵、技術を、私たち講師はできるだけわかりやすく伝えるように努めています。

講義をより充実させるためのお勧めの方法は、やはり予習をしてくることです。

「ベジフル入門」は、入門だけあってその場で内容を理解することが十分にできるようにプログラムされていますが、やはり予習をしておくと、理解のスピードが違います。さらに理解したことは忘れにくくなります。予習をしておくと、メモをとるときポイントを絞ってとることができますので、メモに気を取られることなく、講師の話に集中できます。ぜひ、予習をしてから講義を受けるようにしてほしいです。

また、一緒に受講している人たちとコミュニケーションをとることも大切です。「ベジフルコミュニケーション」でコミュニケーションに関して学んだことを生かして、受講生同士でお友達になりましょう。野菜ソムリエの資格を取ろうとしている人たちは、年齢も職業も環境も異なることがほとんどなので、今までに無かったネットワークができます。資格取得後は、さらにそこから広がっていきます。講座修了後の頼もしい仲間を作るチャンスでもあります。受講生自ら楽しい雰囲気を作っていくことで、より楽しいものになりますし、疑問に思ったときに質問しやすくなります。

普段の食生活も楽しい学習の場

普段の生活の中にも、学べる機会があります。受講中は特に、普段の生活の中で学ぶことがたくさんあります。講義で聞いた話を思い出しながら、とにかくたくさんの野菜や果物を見て、食べてみることです。

充実した講義にするためには予習が大切ですが、講義を受けた後に「復習」することで、今度は自分の人生が充実したものになっていきます。講義を受けた後は、できるだけ外に出かけていって、学んだ内容を思い返しながら、野菜や果物をじっくりと見てください。

講師としては、熱心に講義を受けてくれることも嬉しいのですが、講義後に「今度は自分でやってみようと思います」「帰りに青果店に寄って行くこ

とにしました」といった、自分からアクションを起こす言葉が出たときほど嬉しいことはありません。このように自ら行動に移す受講生は、やがて活躍する方ばかりです。

講義で学んだ内容を実生活に生かしていく姿勢でいると、必ず気になることや疑問に思うことがあります。そのときには、必ず自分で調べるようにしましょう。理想は、その疑問と答えを「ベジフルカルテ」として記録しておくことです。「ベジフルカルテ」が増えれば増えるほど、野菜ソムリエとして活躍する準備が整っていきます。もちろん、それに比例して生活が充実してくること間違いなしです。

私は今でも時間を作って、店頭はもちろんのこと、生産の場にも出向いて生産者と話をしています。

野菜ソムリエとして勉強することはたくさんあります。でも、それ以上に野菜や果物には魅力があります。ゆっくりと、できることを楽しみながら学んでいってください。

受講のポイント

①今まで気がつかなかった野菜や果物の魅力を発見する。
②その魅力を楽しみ、生活の中に活かしていく。
③青果物に関して常に最新の情報を入手する努力をする。

\ 受講生の声 /

野菜・果物の背景が見えてくる！
生産や流通などの専門的な話を聞くことができて面白かったです。普段はスーパーでしか野菜を見ることがなかったので、その背景を知ることができて、ますます興味を持ちました。これからお店で野菜・果物を見ることが楽しくなりそうです。

データと実際食べた感覚差の変化が面白い
初めて糖度計を使って、野菜や果物の糖度を計りました。糖度と実際食べた感覚に差があり、面白かったです。今までは食べる側としてしか野菜・果物を見なかったけれど、生産者側の目線も今後は気にしていきたいと思いました。

知りたい気持ちが高まる講義
講師の方の膨大な情報量と熱意に、いい意味で酔いました。先生がおっしゃる「余談」が、余談ではなく、その中にためになる情報がたくさんつまっていました。講義を聴けば聴くほど「知りたい」気持ちが高まりました。

野菜・果物と栄養の関わりを知る

ベジフルサイエンス

全2回

栄養、健康について学びます。食べ物がどのように体に影響するのかという栄養の基本から、野菜・果物の作用、果たす役割や、その必要性を学びます。食生活の変遷や生活習慣病の現状を把握し、氾濫する健康情報から正しい情報を得る方法についてもふれていきます。講師は管理栄養士や医師、助産師など、栄養や医療の専門家。野菜や果物と健康のつながりを説明します。

おもなコンテンツの例

栄養素の基本	炭水化物、たんぱく質をはじめ、食物全般に含まれる栄養素の基礎
健康情報の選択方法	正しい情報の選び方
生活習慣病について	生活習慣病の実態と、野菜・果物の必要性
食事記録	食事記録をつけ、自身の食生活を見直す

Key word 1

正しい情報をつかむ

世の中には、さまざまな健康に関する情報が氾濫しています。数多くある情報のなかから、正しい情報を取捨選択する方法について学びます。なんとなく、ではなく自信を持って野菜・果物の栄養に関して情報を発信することを目指します。

Key word 2

自分を知る

健康を維持するうえで、野菜・果物に含まれる栄養素を忘れることはできません。現代で問題になっている生活習慣病など、疾病についても学び、自分自身の食習慣も振り返ります。野菜・果物をきっかけに自分を知ることにもつながります。

講師からのメッセージ

予習で浮かんだ疑問を講義で解決

岡本恵実さん

㈱日本食生活指導センター所属。企業・市町村における健康づくり講座などに携わる。野菜ソムリエ協会以外にも、辻調理師専門学校、京都医健専門学校、大阪保健福祉専門学校などの講師を務める。

「ベジフルサイエンス」で学ぶ内容

「ベジフルサイエンス」は、ひと言でいうと、野菜や果物の魅力を栄養学の観点から再認識することを目的にした科目です。食糧難であった戦後から、食生活は大きく改善されました。ところが、飽食になった昨今、今度は生活習慣病の不安が広がっています。

生きる者すべてに関係している病気の質が変化するなかで、「なぜ野菜や果物が注目されているのか？」という疑問について、栄養学的に、あるいは科学的に考察する内容になっています。また、厚生労働省が推奨している野菜や果物の目標量を摂取するための工夫についても学ぶ講義内容になっています。

「ベジフルサイエンス」の「サイエンス」という言葉が難しく感じるかもしれませんが、受講生のモチベーションが高く、一語一句聞き逃すまいと講義を受けている姿勢が毎回伝わってきます。

短期間で資格を取得できる「短期集中講座」の場合は、一緒に過ごす時間が長いために、受講生間の距離がより縮まります。受講のときから交流を深めて、資格取得後のコミュニティ活動などにつなげることも、とても大切なことです。やはりコミュニケーションは重要ですので、講義内容を身に付けることと共に、一緒に受講する人たちと親交を深められるような雰囲気作りを心がけています。

講座をより充実したものにするためのポイント

やはり、まずは受講生間のコミュニケーションを円滑にすることです。

クラス全体でコミュニケーションが円滑に図られているクラスでは、受講生の表情も柔らかくて、見るからに楽しく受講されている様子がわかります。このようなクラスでは、講義内容の理解度も高くなります。楽しみながら深く理解できるのですから、講義中の雰囲気はとても重要です。そのことを各受講生が意識して講義に参加する

ことがポイントになります。

「ベジフルサイエンス」は、栄養素や疾病といった難解と思われがちなキーワードが次々と出てきますので、受講生にとってはとっつきにくい講義かもしれません。また、テキストのボリュームも多く、その分、覚えることもたくさんあります。そこで「サイエンスが好きになった」「もっと調べたくなった」などと思ってもらえるように、講義内容にさまざまな工夫をして、受講生が楽しみながら深く理解できるようにしています。

「ベジフルサイエンス」は、専門的な内容もたくさんありますので、受講前にテキストを予習しておくことが大切です。予習のポイントは、「何を学ぶのかな？」と疑問を持つことです。そして予習のなかで浮かんだ疑問は書き留めておきます。講義を受けてその疑問が解決したら、自分なりの言葉で回答を記しておくことで、自分の知識となっていきます。

もし、受講しても解決しなかったときには、休憩時間や講義後に必ず質問してください。あるいは講義前でも構いません。講師は、講義前にもらった質問の回答を講義に盛り込むことができます。ですから講義前の質問は積極的にしてください。講師は、理解が深まったり疑問が解けていくにつれて変化していく、受講生の表情を見ることが最高の喜びなのですから。

予習をして疑問を持ち、その疑問を講義で解決させる。解決した内容は自分の言葉でまとめておく。こうすることで、より充実した講義になります。

普段の生活の中で身に付けられる野菜ソムリエの素養

キッチンや食卓だけでなく、飾り棚や寝室など、いたるところに野菜や果物をディスプレイしてみてください。我が家では、旬の野菜や果物がごろごろと並べてあります。

こうして目の届く場所に野菜や果物があると、「そろそろ食べごろかな？」とか、「色が変化してきたな？」とか、「香りが増してきたかな？」などど、毎日野菜や果物と対話することになります。常温保存が適する野菜や果物はたくさんあります。旬のものを食して楽しむだけでなく、見た目や香りも楽しんでください。

買い物をするときには、季節ごとに新種の野菜を取り揃えているようなお店を見つけておいて、そのお店に立ち寄ることです。色とりどりの野菜や果物が冷蔵庫の野菜室に豊富にあると、幸せな気分になります。

私の場合、料理を作るときは、まず野菜料理を2品作ってから、メインの料理を作っています。家族に「この野菜をこんな工夫をして調理した」と

使った理由やこだわりの点を伝えると、しっかり食べてくれますよ。野菜や果物は購入から料理まですべてを楽しむこと。これも大切なポイントです。

野菜や果物などの植物は、食べる楽しみだけでなく、栄養面での嬉しい効果が期待されています。さらに、身近で栽培できる楽しみもあります。野菜ソムリエは実体験が力になりますので、まずはご自身が、野菜や果物を通して楽しさを見出してください。野菜や果物には、無限の楽しみが広がっています。

> **受講のポイント**
> ◎楽しみながら講義を受けることで理解度が高まる。
> ◎予習して疑問を持ち、その疑問を講義中に解決する。
> ◎解決した疑問は、自分の言葉でまとめておく。

＼ 受講生の声 ／

自身の食生活を見直すきっかけに
栄養面から野菜・果物を見直してみて、普段の生活では野菜不足だということを感じました。これからは何が正しいのかを自分で判断できるようになりたいと思いました。

自分なりの判断基準を持てる
栄養のことなので難しいかなと心配でしたが、座学なのに楽しくて実のある時間でした。今まではテレビで流れる栄養関連の情報に左右されていましたが、これからはきちんと判断基準をもって吟味したいと思います。

大人になって再び学ぶ重要さ
今まで情報に振り回されていたことに気付きました。正しい知識を改めて身につけ、より深く野菜のことを知ろうと思いました。また、大人になった今、栄養に関して改めて学ぶと、日常の食生活に関連付けて考えられるのでよかったです。

料理の幅も広がる！
ベジフルクッカリー 全1回

調理法によるポイント、分類、素材の変化など、基本的な調理法を学ぶことで、野菜料理を作る楽しさを再認識します。品種の特性を活かした料理コーディネーション能力を習得し、野菜料理のレパートリーを増やすことを目的としています。講師陣は、料理研究家やフードコーディネーターなど料理の専門家です。各調理方法をわかりやすく説明します。

おもなコンテンツの例

基本の調理法	焼く、煮るなど、基本の調理方法の種類とその理由
野菜の切り方	素材の特徴に合わせた切り方
レシピ作成	品種の特性を生かしたレシピの作成方法

Key word 1

オリジナルレシピ

単純に野菜・果物を使ったレシピではなく、特性を活かしたレシピを作るコツを学びます。料理を作るたびにレシピを作ってためていけば、そのうち大きな財産になるでしょう。

Key word 2

基本のキ

調理の基本についても学びます。野菜の特性に合わせた調理方法は、知っているようで知らないことも多いかもしれません。一度基本に帰ることで、料理に磨きがかかるかも!?

講師からのメッセージ

楽しみながらの受講がスキルアップのポイント

田中　稔さん
有限会社クリック代表取締役。フードコーディネーター。講義で行うデモンストレーションは、初心者に大好評。

「ベジフルクッカリー」で学ぶ内容

「ベジフルクッカリー」は、野菜や果物に関する調理方法について学ぶ講義です。普段から調理をされている方であれば、まずはたくさんの調理方法があることに驚かれることでしょう。それらの調理法には、その方法でなければいけない理由があります。時間があるときとないとき、どの素材を生かすのかによっても、調理方法は変わります。

また、調理をする人は「いまさら人に聞けないこと」がたくさんあり、その最たるものが調理方法です。「最初からそうしていた」「料理本に書いてあったから」などと答える人がほとんどです。たくさんの調理方法と「なぜこの方法なのか」という理由を一緒に身に付けることを目的にしています。調理のあり方が根本から覆されますよ。

「メニューありき」から「この食材ならば、あの方法で調理するのが一番おいしいから、今日の晩ご飯は○○にしよう！」と、食材から自然とメニューが決まるように大きく変化します。メニューありきで調理をしていた頃には感じなかった、「調理はとてつもなく楽しい！」ことを実感できます。

私の場合は、講義中に必ずデモンストレーションを行います。何度も言葉で説明するよりも、特に全く料理をしない人には1回のデモンストレーションのほうが理解できるからです。

たとえば、野菜の切り方ひとつとっても、包丁を滑らせながら切ったときと、上から叩くように切ったときの切り口は全く違います。それを実際に見てもらい、そして触ってもらうほうが、切り方の大切さはよく伝わります。男性の受講者には、論理的に説明するととてもよく理解してくれます。

講義を聞いたからといって、すぐに調理が上手になるわけではありませんが、調理をすることの楽しさはすぐに感じられます。楽しく料理をして、食材のもつおいしさや栄養を最大限に引

第3章　野菜ソムリエの講座とは？

き出すことは、とても大切なことです。なぜなら、食べることは生きることだからです。「ベジフルクッカリー」を学びながら、食べるために必要な調理の大切さと、その調理が楽しいものであることを実感してください。

講座をより充実したものにするためのポイント

講義を充実させるポイントは、「楽しく聞くこと」です。楽しんだ記憶は簡単には薄れません。そして実際に調理方法だけを思い出しながら調理するよりも、楽しみながら受講したこともひっくるめて思い出したほうが、より詳細なことまで思い出せます。

そして楽しく聞いていると、自然と調理をしたくなります。そのためにリラックスして講義を受けてください。「ベジフルクッカリー」で学んだ調理法によって野菜の特徴を引き出せるようになると、野菜について、あるいはおいしく食べる方法について、上手に伝えることができるようになります。ですから実際に調理をするときには、自分のためにするのではなく、誰かのためにしてみてください。そして食べながら、野菜の特徴だけでなく、調理法についても伝えるようにしてください。

「この野菜にはこういう栄養があり、こうして料理するとおいしく食べられますよ」と話をするだけではなく、実際に料理を作ってあげるのです。

自分の周りにいる大切な人たちの健康のためにも、おいしく作ってたくさん食べてもらう。今は、この当たり前のことが、当たり前でなくなってきています。「ベジフルクッカリー」の講義を通して、再び当たり前のことにしてください。

普段の生活の中で身につけられる野菜ソムリエの素養

普段の生活の中でスキルアップするには、ライフスタイルを変えることです。といっても大げさなことではなく、例えば電車通勤で会社勤めをしているならば、帰り道は違うルートで帰るといった変化をつけるだけです。いつも同じ道を往復するのではなく、違う道を通ってみるだけでも目にするものが違います。そしてできれば野菜や果物を売っているお店に立ち寄ってみるのです。

また、受講してから外食すると、料理の野菜や果物が気になりますが、それ以外のこと、例えば仕入れルートだったり、客数と料理単価から店舗の経営を考えてみたりと、食を中心としながらもちょっと違った視点から物事を考えることでスキルアップします。

野菜ソムリエの資格を取ろうと思った方たちは、何らかの夢や目的を持っているはずです。他の活躍する野菜ソ

ムリエのように、料理教室を主宰したり、イベントに参加したり、料理本を出版したり、レシピ開発をしたりといったようなことから、家族の健康を守りたい、楽しい食卓にしたい、子どもの野菜嫌いを何とかしたいといったことまで、さまざまだと思います。それらの夢を実現したり、目的を達成したりするためにも、自分の1年後の姿を想像してください。想像できたら、今度は3年後、5年後の姿をイメージしてください。そうやって思い描くことで必ず実現します。じつは、そのイメージ作りこそが、調理の腕を上達させるためにとても大切なことでもあるのです。

そして野菜ソムリエとして活躍することで、子どもたちの安全や安心を危険にさらしている食生活や、環境の問題に立ち向かってください。野菜や果物を通して、食の大切なことや大事なことを伝えていってほしいと思います。

受講のポイント
◎調理方法と共に、「なぜこの方法なのか?」も習得する。
◎調理方法は、「楽しい記憶」として身に付ける。
◎野菜や果物の魅力を「食べて伝える」ために料理をする。

\ 受講生の声 /

今後の料理がより楽しみに
普段、個々の素材についてあまり考えて調理していなかったということを実感。調理法を見直すことができました。せっかく品種ごとの特徴も勉強したので、これをきっかけに素材を活かした調理を心がけたいです。

今まで感じていた調理の"なぜ"が明らかに
その調理法を使う理由の"なぜ"という突っ込んだ部分まで学べたのがよかったです。これからは、調理の際にその意味を考えて調理していきたいと思います。座学とはいえ、実際の調理がイメージできる内容でした。

グループワークで多くを学ぶ
他の人と相談しながら考えるという作業は、自分では思いつかないアイデアがたくさん出て参考になりました。今まで疑問に思わずに、勘で調理していたことが多かったのですが、その調理方法に意味があることに気づくことができました。

COLUMN　もっと知りたい！　果物の話

気になる？　果物の甘み

　多くの果物は甘みが強く、食べるだけで幸せな気分になります。その一方で、甘い＝太る？　と気にして、敬遠する人も少なくないと聞きます。もちろん、果物は甘みのもとである糖質を含んでいます。しかし、果物を食べればビタミンやミネラルなども摂取できます。食物繊維も含まれるので、糖質がおだやかに吸収されます。また、例えばバナナ1本は約100g。1本食べたとしても93kcal程度と、お菓子を食べることを思えば決して高いエネルギーではありません。身体にプラスになる栄養素を摂れるうえに、おいしいと思うことは心への栄養。果物を避けているのはもったいない、そう思いませんか。

リンゴの蜜は甘くない？

　蜜入りリンゴは甘そうに感じませんか。リンゴの蜜の正体は「ソルビトール」と呼ばれる糖アルコールの一種です。光合成によって葉で作られるソルビトールは、果実を肥大させるとともに、果実内で果糖やブドウ糖、ショ糖に変換されて蓄積されます。果実の成熟が進み、果実中の糖が多くなると、ソルビトールを糖に変換する能力が低下し、ソルビトールのまま果肉の細胞の隙間にあふれ出します。これが周囲の水分を吸収し「蜜」となるのです。リンゴの甘さはソルビトールではなく糖の甘さによるもので、蜜の部分が特別甘いというわけではありません。蜜があるということは樹上で完熟した証なのです。蜜入りリンゴを甘いと感じるのは、「蜜がある＝完熟している」からです。ただし、品種によって蜜が入りやすいものとそうでないものがあります。

空洞のあるイチゴはおいしくない？

　イチゴは、細胞分裂が行われて小さな果実ができてから、それぞれの細胞が肥大して大きくなっていきます。細胞が肥大する際、つぶつぶがある果実の外側の成長が優先され（ちなみにこのつぶつぶはイチゴの種子です）、果実の外側の成長スピードに内側の成長が追いつかずに内側に空洞ができてしまうことがあります。品種によって空洞ができやすいものやできにくいものがあり、また大粒のものほどできやすいといったことが考えられるようですが、品質には関係がないとされています。空洞があるからといって味が悪いわけではありませんが、一般の生活者にはあまり良い印象を持たれないため、空洞ができにくい品種も開発されているようです。

第4章
腕試しベジフル問題

野菜・果物の、品目、歴史、育ち、調理、栄養に関する問題を集めました。
実際の野菜ソムリエの試験とは内容は異なりますが、
野菜や果物についての知識がどのくらい身に付いているか、
腕試しのクイズ感覚で挑戦してみましょう。

野菜ソムリエコース 修了試験に関するQ&A

Q1.受験資格は?
A1. 課題の提出が必須です。講座内で説明があります。

Q2.試験内容は?
A2. テキストの中からのみ出題されます。

Q3.合格率は?
A3. 通学制、通信制ともに約85%です。

実際の試験について分かったところで…
腕試し問題にトライ！　→

これはあくまでも腕試し問題です。
現段階で、自分がどれだけ野菜・果物のことについて知っているかを試してみましょう。
※実際の講座の内容や修了試験とは異なります。

1 （品目）

京野菜はどれか。選択肢の中から選びなさい。

1 タコイモ
2 カニイモ
3 エビイモ
4 イカイモ

2 （品目）

「貝割れ」は何のスプラウト（芽）か。選択肢の中から選びなさい。

1 ダイコン
2 ブロッコリー
3 そば
4 アサリ

3 （品目）

キウイフルーツの原産国はどこか。選択肢の中から選びなさい。

1 ペルー
2 オーストラリア
3 ニュージーランド
4 中国

4 （品目）

オスとメスがあるのはどれか。選択肢の中から選びなさい。

1 カボチャ
2 アスパラガス
3 レタス
4 トマト

5 （品目）

カンピョウの原料はどれか。選択肢の中から選びなさい。

1 ユウガオ
2 アサガオ
3 ヒルガオ
4 ヨルガオ

6 （品目）

ナタデココの原料はどれか。選択肢の中から選びなさい。

1 ライチ
2 パパイヤ
3 ココナツ
4 マンゴスチン

第4章 腕試しベジフル問題

1 解答 3 エビイモ

エビイモはサトイモの一種で、唐芋(とうのいも)を特殊栽培したもの。海老（エビ）のようにくっきりとした縞模様と曲がり具合がその名の由来といわれています。京都名物「いもぼう」は、このエビイモを棒だらと煮たものです。

2 解答 1 ダイコン

「貝割れ（カイワレ）ダイコン」はダイコンの双葉で、二枚貝が割れたような形が名前の由来。四十日ダイコンの双葉が使われていましたが、最近ではカイワレ専用種もあります。

3 解答 4 中国

キウイフルーツの原産地は中国・揚子江沿岸。「弥猴桃(ミホウタオ)」と呼ばれていた果実の種子が1900年代初めにニュージーランドに持ち込まれたとされています。当初は「チャイニーズ・グーズベリー（中国のスグリ）」と呼ばれていました。

4 解答 2 アスパラガス

アスパラガスは雄雌異株(しゅういしゅ)で、メスの株とオスの株とに分かれています。秋に実をつけるのは雌株だけです。栽培には収量の多い雄株の方が有利とされています。

5 解答 1 ユウガオ

朝顔(アサガオ)・昼顔(ヒルガオ)・夜顔(ヨルガオ)はヒルガオ科ですが、ユウガオはウリ科です。夕方から翌朝にかけて白い花が咲くので「夕顔(ユウガオ)」の名がつきました。干瓢(カンピョウ)のほか、煮物や漬物に使われることがあります。

6 3 ココナツ

一時ブームにもなったナタデココは、ヤシの実のココナツミルクにナタ菌（酢酸菌の一種）を入れて発酵させたものです。

7 （品目）

チューインガムの原料はどれか。選択肢の中から選びなさい。

1　サポジラ
2　マツヤニ
3　ココナツ
4　ゴムノキ

8 （品目）

調理用バナナはどれか。選択肢の中から選びなさい。

1　カルダバ
2　モラード
3　セニョリータ
4　キャベンディッシュ

9 （品目）

ズッキーニは何の仲間か。選択肢の中から選びなさい。

1　キュウリ
2　スイカ
3　カボチャ
4　ナス

10 （品目）

高級メロンのつるの形はどれか。選択肢の中から選びなさい。

1　T字
2　Y字
3　V字
4　M字

11 （品目）

「奄美スモモ」の別名はどれか。選択肢の中から選びなさい。

1　ガラリ
2　ドサリ
3　パクリ
4　ペロリ

12 （品目）

ルビーのような美しさとその甘さから「サクランボの王様」とも呼ばれる品種はどれか。選択肢の中から選びなさい。

1　山田錦
2　鈴木錦
3　佐藤錦
4　小錦

7 解答 1 サポジラ

サポジラは中米原産、アカテツ科の熱帯果樹。別名を「チューインガムの木」といいます。樹液を煮詰めて脱水し、精製してガムの基材を作ります。これに糖類や香料・着色料などを加えたものがチューインガムです。

8 解答 1 カルダバ

カルダバは、フィリピンから「カルダバ」「サバ」という名で、エクアドルから「プランテイン」の名で日本に輸入されています。調理法は揚げたり、煮たり、焼いたりとさまざま。またキャベンディッシュは「ジャイアントキャベンディッシュ種」と呼ばれる生食用のバナナで、日本で主に流通している種類です。

9 解答 3 カボチャ

ズッキーニはウリ科カボチャ属。一般のカボチャは熟してから食べますが、ズッキーニは花が咲いてから5～7日後の未熟なうちに収穫して食べます。

10 解答 1 T字

メロンのつるの形がT字になっているのは、1株で1個だけ育てた証です。その株にかけたすべての手間、すべての栄養が1個のメロンに注がれているということですね。

11 解答 1 ガラリ

奄美大島特産の奄美スモモは、「花螺李種（ガラリ）」という南方（台湾）系のスモモ。深紅色の果皮が特徴です。

12 解答 3 佐藤錦

「佐藤錦」は、山形県東根市で果樹園を経営していた佐藤栄助氏が、大正時代に品種改良に成功した最高級のサクランボです。

13 （品目）

日本国内で流通しているカボチャの代表的な品種はどれか。選択肢の中から選びなさい。

1　だいこく
2　びしゃもんてん
3　えびす
4　かぼす

14 （品目）

ヤーコンと同じ科の野菜はどれか。選択肢の中から選びなさい。

1　サツマイモ
2　ニンジン
3　レタス
4　サトイモ

15 （品目）

レンコンにあいている穴の数は平均いくつか。選択肢の中から選びなさい。

1　5個
2　7個
3　10個
4　20個

16 （品目）

ナシの品種はどれか。選択肢の中から選びなさい。

1　うっかり
2　ほっこり
3　にっこり
4　はったり

17 （品目）

京野菜ではないものはどれか。選択肢の中から選びなさい。

1　亀戸ダイコン
2　堀川ゴボウ
3　九条ネギ
4　賀茂ナス

18 （品目）

実際に存在するジャガイモの種類はどれか。選択肢の中から選びなさい。

1　ホクトアキラ
2　スイートレッド
3　デストロイヤー
4　タイガーマスク

13 解答 3 えびす

「えびす」は代表品種で、黒皮栗カボチャのひとつです。皮の色は黒に近い濃い緑色。ほくほくした肉質と甘さが特徴です。

14 解答 3 レタス

ヤーコンとレタスは同じキク科の野菜です。キク科の野菜には、ほかにシュンギクやゴボウなどがあります。

15 解答 3 10個

レンコンは大きさや長さにかかわらず、穴の数は合計10個の場合が多いようです。真ん中に1個と周囲に9個です。この穴は、泥の中に埋まっているレンコンが新鮮な空気を取り入れるための、いわばシュノーケルのような役割を果たしています。

16 解答 3 にっこり

「にっこり」は栃木県で育種された日本ナシです。一般的なナシの重さが1個300g程度なのに対し、「にっこり」は800gもある大きな実。また、「ほっこり」はカボチャの品種名。

17 解答 1 亀戸ダイコン

亀戸ダイコンは江戸時代から東京都・亀戸周辺で作られていたダイコン。荒川水系が運んだ肥沃な土のおかげで肉質が緻密なダイコンが育ち、またその葉も、新鮮な野菜が少ない早春の青物として江戸っ子に喜ばれたといいます。近年、その生産量は激減しています。

18 解答 3 デストロイヤー

デストロイヤーは呼び名で、正式な品種名は「グラウンドペチカ」。赤と黒のまだら模様の皮で個性的なビジュアルです。

19 （品目）

アメリカ航空宇宙局（NASA）は宇宙で栽培するのに適した野菜を研究中。有望とされている野菜はどれか。選択肢の中から選びなさい。

1　トマト
2　キャベツ
3　ゴボウ
4　サツマイモ

20 （品目）

日本のミカンはアメリカでどのような愛称で呼ばれているか。選択肢の中から選びなさい。

1　ラジオオレンジ
2　パソコンオレンジ
3　ビデオオレンジ
4　テレビオレンジ

21 （品目）

世界各地にあるトマトの愛称で実在しないものはどれか。選択肢の中から選びなさい。

1　愛のリンゴ
2　金のリンゴ
3　畑のリンゴ
4　天国のリンゴ

22 （品目）

渋皮がはがれやすいクリの品種名はどれか。選択肢の中から選びなさい。

1　ぽろろん
2　ぽろたん
3　ぽろっと
4　ぱくっと

23 （品目）

実在しない干し柿はどれか。選択肢の中から選びなさい。

1　枯露柿
2　あんぽ柿
3　市田柿
4　岸根柿

24 （品目）

沖縄県で栽培されているバナナを何と呼ぶか。選択肢の中から選びなさい。

1　沖縄バナナ
2　台湾バナナ
3　島バナナ
4　アジアンモンキー

19 解答 4 サツマイモ

NASAでは宇宙船や宇宙農場で栽培できる作物を研究してきましたが、中でもサツマイモは有望といわれます。「環境への適応力が強い」「土がなくても栽培できる」「育つのが早い」「ビタミン類を含み栄養バランスも良い」などの理由で、完全なリサイクルを要求される宇宙食にふさわしいと考えられています。

20 解答 4 テレビオレンジ

日本を代表するミカンといえば温州ミカン。この温州ミカンは、ナイフを使わずテレビを見ながらでも食べられる、ということからアメリカでは「テレビオレンジ」や「テーブルオレンジ」という呼び名もあるそうです。

21 解答 3 畑のリンゴ

「愛のリンゴ」はイギリス・フランス、「金のリンゴ」はイタリア、「天国のリンゴ」はドイツでの愛称だそうです。また、「畑のリンゴ」はジャガイモのこと。ヨーロッパでは価値ある野菜をリンゴに例えることが多いようです。

22 解答 2 ぽろたん

実が大きく、渋皮がぽろんとむきやすいことからこの名がつけられました。鬼皮にナイフ等で少し傷をつけて電子レンジなどで加熱するだけで簡単に渋皮をむくことができる注目種です。

23 解答 4 岸根柿

枯露柿、あんぽ柿、市田柿はそれぞれ山梨県、福島県、長野県で作られている干し柿。岸根(がんね)はクリの品種名です。

24 解答 3 島バナナ

「島バナナ」は沖縄周辺で栽培されているバナナの総称。形状は短いタイプがほとんどで、一般的には「三尺バナナ」と分類されています。日本で流通しているバナナのほとんどは海外からの輸入で、島バナナのような国産はごく少量です。

25 (品目)

辛くないトウガラシはどれか。選択肢の中から選びなさい。

1　万願寺とうがらし
2　熊鷹
3　神楽なんばん
4　鷹の爪

26 (品目)

別名「桃太郎ぶどう」と呼ばれるブドウはどれか。選択肢の中から選びなさい。

1　ピーチグレープ
2　ロザリオ・ロッソ
3　瀬戸ジャイアンツ
4　ジャパニーズローズ

27 (品目)

昔のキュウリの表面に付着していた白い粉は何か。選択肢の中から選びなさい。

1　農薬の残り
2　大腸菌
3　実を保護するロウ物質「ブルーム」
4　苦味成分「ブルート」

28 (品目)

国産リンゴの皮の表面のベタベタは何か。選択肢の中から選びなさい。

1　リンゴの中からしみだした蜜
2　リンゴの中からしみだした老廃物
3　リンゴ自身が作り出したロウ物質
4　人工的なワックス

29 (品目)

ミョウガは植物としてのどの部分を食べているか。選択肢の中から選びなさい。

1　根
2　種
3　葉
4　花

30 (品目)

ブロッコリーは植物としてのどの部分を食べているか。選択肢の中から選びなさい。

1　根
2　花蕾
3　葉
4　枝

第4章　腕試しベジフル問題

25　解答　1　万願寺とうがらし

万願寺とうがらしは、京都の伝統野菜のひとつで甘みがあります。なお、熊鷹は日本のトウガラシの中で一番辛みが強いといわれています。

26　解答　3　瀬戸ジャイアンツ

「瀬戸ジャイアンツ」は黄緑色の高級マスカット。大きな粒のひとつひとつがモモの実のようなかたちをしているのが特徴。種なしで皮ごと食べることができます。岡山県瀬戸町の花澤氏によって作られた品種で、岡山らしい名前にしようと命名したそうです。

27　解答　3　実を保護するロウ物質「ブルーム」

ブルームとは、キュウリが作り出す天然のロウ物質。自らの水分の蒸発を防ぐ働きをしています。これが農薬に間違えられ生活者から敬遠されたことから、「ブルームレス」のキュウリも出回っています。ブルームはキュウリの他、ブドウやプラムでも見られます。

28　解答　3　リンゴ自身が作り出したロウ物質

リンゴの果皮にはもともとロウ物質が含まれています。果実が成熟すると果肉中の酸が増加してこのロウ物質を溶かすので、果皮がべたべたした感じになります。このロウ物質には果実の水分が減りすぎたり増えすぎたりするのを防ぐ働きがあり、人体には無害です。

29　解答　4　花

ミョウガは地下茎で繁殖する多年草。私たちが普段食用としているのは花序（花蕾）であり、花ミョウガともいわれます。また、軟化栽培した若い茎（ミョウガタケ）を食べることも。旬は7月〜9月ですが、現在では年間を通してハウスで栽培されています。

30　解答　2　花蕾

ブロッコリーを収穫せずにいると花が咲きます。つまり花蕾を食べているのです。初めに株の先端に大きくてしっかりとした花蕾（頂花蕾という）をつけます。これを収穫すると脇芽が成長して側花蕾となり、こちらは少し小さめですが順次収穫できるように。側花蕾の出やすさは品種によって異なるようです。

31 （品目）

アスパラガスは植物としてのどの部分を食べているか。選択肢の中から選びなさい。

1　根
2　葉
3　茎
4　花

32 （品目）

サツマイモは植物としてのどの部分を食べているか。選択肢の中から選びなさい。

1　種
2　根
3　茎
4　実

33 （品目）

スイートコーンのひげの本数はいくつか。選択肢の中から選びなさい。

1　実の数の半分
2　実の数と同じ
3　実の数の2倍
4　実の数の3倍

34 （品目）

香菜（シャンツァイ）の独特の香りは何の匂いに例えられるか。選択肢の中から選びなさい。

1　羊の毛
2　乳
3　カメムシ
4　味噌

35 （品目）

ビワの花はいつ咲くか。選択肢の中から選びなさい。

1　春
2　夏
3　秋
4　冬

36 （品目）

おいしいニンジンはどれか。選択肢の中から選びなさい。

1　軸が太いもの
2　軸が細いもの
3　丈が長いもの
4　丈が短いもの

31　解答 3　茎

アスパラガスは多年生草本で、地下茎を伸ばし、株を増殖させます。食用となるのは地下茎から地上部に伸びた若茎で、そのまま生長させると葉（偽葉）や花をつけます。若茎に光を当てて栽培したものがグリーンアスパラガス、光を当てずに栽培したものがホワイトアスパラガスです。

32　解答 2　根

サツマイモは根が肥大したもので、塊根といいます。サツマイモを植えると、収穫される前に茎側に位置していた芽から葉が、根側に位置していた芽から根が伸びてきます。ちなみにジャガイモは茎が肥大した部分を食用としています。

33　解答 2　実の数と同じ

スイートコーンはその茎のてっぺんに雄穂を、途中に雌穂をつけます。ひげに見えるのは伸びた雌しべの先で、これに雄穂から飛散する花粉がついて受精します。受精すると下部が肥大してスイートコーンの実（粒）になります。つまり、受精したひげの数と実（粒）の数は同じということになります。

34　解答 3　カメムシ

香菜はエスニック料理をはじめ世界じゅうで使われているセリ科のハーブ。ギリシア語で「koriandron」といいます。「kori」はカメムシ（ヘッピリムシ）を意味する「koris」に由来します。

35　解答 4　冬

ビワの花は11月〜2月ごろに咲きます。収穫が5〜6月と、他の果物に比べると早いので需要があると考えられています。

36　解答 2　軸が細いもの

軸が太いものは芯が太く、中がかたいことがあるので避けるようにしましょう。おいしいニンジンを見分けるポイントは、濃い赤紅色で光沢があり滑らかな肌で、病斑のないもの。芯は細く目立たないものです。

37 （品目）

おいしいカボチャはどれか。選択肢の中から選びなさい。

1　ヘタがみずみずしいもの
2　ヘタがからからに乾いているもの
3　種が多いもの
4　種が少ないもの

38 （品目）

おいしいミカンは枝からの切り口がどうなっているか。選択肢の中から選びなさい。

1　太い
2　細い
3　正円形
4　五角形

39 （品目）

よいキャベツの見分け方で誤っているのはどれか。選択肢の中から選びなさい。

1　上から見て形が正円形のもの
2　緑が適度に濃くツヤがあるもの
3　茎の切り口が割れていないもの
4　持ったときに大きさの割にふわりと軽いもの

40 （品目）

スイカで最も甘い部分はどこか。選択肢の中から選びなさい。

1　中心部
2　皮の近く
3　つるの近く
4　花落ち

41 （品目）

むかごとは、何の葉の付け根にできるものか。選択肢の中から選びなさい。

1　ジャガイモ
2　サツマイモ
3　サトイモ
4　ナガイモ

42 （品目）

沖縄ではヘチマを何と呼ぶか。選択肢の中から選びなさい。

1　ゴーヤ
2　サンチュ
3　ナーベラー
4　チンスコウ

第4章　腕試しベジフル問題

37　解答 2　ヘタがからからに乾いているもの

カボチャは収穫後1ヶ月ほど置いておくと、デンプンが糖化して甘みが増してきます。ヘタが乾いているのは収穫してから時間が経っている証拠なので、甘みが強いカボチャだということがわかります。また、カットしたものでは、果皮に爪が立たないかたさで種が丸々としているものを選びましょう。

38　解答 2　細い

切り口が小さいミカンは、余分な肥料や水分を与えられておらず甘みがのったおいしいミカンになります。このように適度な肥料・水分で作られたミカンは皮が薄く、中の袋も柔らかいので食べたときの口当たりもよくなります。

39　解答 4　持ったときに大きさの割にふわりと軽いもの

良いキャベツは葉がよく巻き、持つとずっしりと重いものです。春と夏秋キャベツは結球がふんわりしていてさほど重くありませんが、同じ大きさなら重いものを選びましょう。

40　解答 1　中心部

スイカやメロンなどウリの仲間は内側から充実していくので中心部が甘いのです。なお「花落ち」とは、下部のところのこと。実がなる前にこの部分に花が付いていた証です。

41　解答 4　ナガイモ

大豆ほどの大きさの粒で、ナガイモや自然薯などの葉の付け根にできます。小粒ながらかむと軽い粘りを感じ、ナガイモとのつながりを感じることができます。

42　解答 3　ナーベラー

ヘチマは熱帯アジアを原産とするウリ科の植物。沖縄では「ナーベラー」と呼び、未熟果を夏野菜として食材にします。名前の由来は、昔は鍋を洗うのに使ったことから「鍋洗い」だという説があります。

43 （品目）

ダイコンとカブの簡単な見分け方として適切なものはどれか。選択肢の中から選びなさい。

1 丸いのがカブで細長いのがダイコン
2 丸いのがダイコンで細長いのがカブ
3 カブの表面にはひげ根があるがダイコンはなめらか
4 ダイコンの表面にはひげ根があるがカブはなめらか

44 （品目）

ニガウリの別名は何か。選択肢の中から選びなさい。

1 デコボコキュウリ
2 コブコブヘチマ
3 ツルレイシ
4 ゴーヤーチャンプルー

45 （品目）

アボカドの別名は何か。選択肢の中から選びなさい。

1 ワニナシ
2 コブウリ
3 イワアケビ
4 クロパパイヤ

46 （品目）

グレープフルーツの名前の由来は何か。選択肢の中から選びなさい。

1 植物学者グレープ氏が発見した
2 ブドウ（grape）のように木になる
3 西インド諸島のグレープ島で発見された
4 「graphic fruits（生き生きとした果物）」がなまった

47 （品目）

農林水産省が「野菜」として分類しているのはどれか。選択肢の中から選びなさい。

1 ブルーベリー
2 ラズベリー
3 クランベリー
4 ストロベリー（イチゴ）

48 （品目）

日本にジャガイモが初めてやってきた場所はどこか。選択肢の中から選びなさい。

1 長崎
2 山口
3 横浜
4 函館

43 解答 4 ダイコンの表面にはひげ根があるがカブはなめらか

二十日大根や桜島大根のように丸いダイコンもあれば、日野菜カブのように細長いカブもあるので、形だけでは見分けにくいですね。そもそも、ダイコンは胚軸と根が太ったものですが、カブは胚軸だけが太ったもの。カブの先端についているのが根です。だからダイコンにはひげ根があり、カブにはありません。

44 解答 3 ツルレイシ

ニガウリの原産地はインドを中心とした熱帯アジア及びアフリカ。未熟な果実を野菜として利用するウリ科の植物です。和名「ツルレイシ」は、イボに覆われた外観と、完熟すると赤いゼリー状の仮種皮が甘くなることをレイシ（ライチ）に例えたものです。

45 解答 1 ワニナシ

アボカドは中南米を原産とするクスノキ科の果物。ごつごつした果皮が、わにの背中に似ていることから「alligator pear」とも呼ばれます。日本でいう「ワニナシ（鰐梨）」はこれを和訳したものです。

46 解答 2 ブドウ(grape)のように木になる

グレープフルーツは亜熱帯を原産とする柑橘類。イギリスのシャドック船長によって西インド諸島のバルバドス島にもたらされました。当時は「シャドックフルーツ」などと呼ばれていましたが、ブドウのように房状に結実することから、のちに「グレープフルーツ」と呼ばれるようになりました。

47 解答 4 ストロベリー

農林水産省では植物学的な分類から、イチゴ・メロン・スイカを「果実的野菜」と表記し、野菜として扱っています。

48 解答 1 長崎

オランダ船がインドネシア経由で長崎に伝え、そのあと北海道にもたらされたといわれています。

49 （品目）

オクラの漢名はどれか。選択肢の中から選びなさい。

1 鰐梨(わになし)
2 陸蓮根(おかれんこん)
3 食用大黄(しょくようだいおう)
4 松葉独活(まつばうど)

50 （品目）

オクラの仲間はどれか。選択肢の中から選びなさい。

1 ユリ
2 ヒマワリ
3 ヒルガオ
4 ハイビスカス

51 （品目）

かつてレタスは何と呼ばれていたか。選択肢の中から選びなさい。

1 馬鈴薯(ばれいしょ)
2 花野菜(はなやさい)
3 乳草(ちちくさ)
4 蕃茄(ばんか)

52 （品目）

山菜の女王とも称されるものはどれか。選択肢の中から選びなさい。

1 コゴミ
2 フキノトウ
3 コシアブラ
4 ワラビ

53 （歴史）

七草のひとつのスズナとは、何の野菜か。選択肢の中から選びなさい。

1 カブ
2 ダイコン
3 ナバナ
4 ゴギョウ

54 （歴史）

「冬至に食べると風邪をひかない」といわれる野菜はどれか。選択肢の中から選びなさい。

1 サツマイモ
2 カボチャ
3 ダイコン
4 ハクサイ

49 解答 2 陸蓮根

さらに別名では青納豆というのもあります。ちなみに1はアボカド、3はルバーブ、4はアスパラガスの和名です。

50 解答 4 ハイビスカス

オクラもハイビスカスもアオイ科に属します。オクラの花はハイビスカスに似たクリーム色の花で、早朝に咲き、わずか半日でしぼんでしまいます。

51 解答 3 乳草

和名の「チシャ」はここからきているといわれます。なお、茎を切ると白い乳液状のものが出るからだといわれています。

52 解答 3 コシアブラ

コシアブラはウコギ科の山菜で、若芽を食用にします。独特の香りと苦みがあり、揚げものに向くとされています。

53 解答 1 カブ

1月7日に七種類の野菜を入れた粥を食べる風習があり、地域によって種類の差があるともいわれます。なお、スズシロはダイコンのことです。

54 解答 2 カボチャ

冬至の日にユズ湯に入り、カボチャを食べる習慣があります。カボチャの旬は夏ですが、水分が少ないので冬まで保存ができます。1年のうちで日照時間が最も短くなる冬至は、万物の生命力が最も低下すると考えられ、この日に体を温めるものや栄養価の高いものを食べて無病息災を祈る習慣ができたそうです。

55 (歴史)

イチゴ「あまおう」の名前の由来は「あ」＝あかい、「ま」＝まるい、「お」＝おおきい、ですが「う」は何か。選択肢の中から選びなさい。

1 うつくしい
2 うまい
3 うしろめたい
4 うらやましい

56 (歴史)

日本で古来から滋養食として知られる「山芋」ですが、別名何と呼ばれていたか。選択肢の中から選びなさい。

1 山うなぎ
2 うなぎ犬
3 やまたのおろち
4 やまかけ

57 (歴史)

アンデスメロンの「アンデス」の名前の由来はどれか。選択肢の中から選びなさい。

1 アンデス地方が原産地だから
2 「安心です」の略称から
3 アン・ストロバデスが品種改良に成功した
4 インダス川付近で栽培されていたものがなまった

58 (歴史)

おいしいサツマイモを「栗よりうまい十三里」という。サツマイモの産地で、江戸時代に「十三里」と呼ばれた地はどこか。選択肢の中から選びなさい。

1 川越
2 横浜
3 立川
4 鹿児島

59 (歴史)

明治時代に日本に男爵イモを導入したと言われている人物は誰か。選択肢の中から選びなさい。

1 青木昆陽
2 川田龍吉
3 オールコック
4 フリードリヒ1世

60 (歴史)

洋菓子シュークリームの「シュー（chou）」とは、どの野菜からきているか。選択肢の中から選びなさい。

1 キャベツ
2 トマト
3 ジャガイモ
4 ハクサイ

第4章 腕試しベジフル問題

55 解答 2 うまい

「あまおう」は商標名であり、品種名は福岡S6号。福岡県農業総合試験場で育成され、2005年に品種登録されました。一般公募で名前を決めたのは、より多くの方に覚えてもらい、食べていただけるようにとの思いからでしょうね。

56 解答 1 山うなぎ

日本では縄文時代から食べられていたという山芋（ヤマイモ）。「ナガイモ」「ヤマノイモ（ジネンジョ）」「ダイジョ」の3種に分類されます。いずれもヤマノイモ科です。その独特のぬめりと栄養面から、滋養食の代表である鰻にたとえて「山うなぎ」と呼ばれていました。

57 解答 2 「安心です」の略称から

「農家が作って安心、消費者が買って安心」の「アンシンデス」から「アンデスメロン」と名付けられました。高級マスクメロンであるアールスメロン系で、同じように果皮の表面に網目があります。アールスメロンに近い外観と味を持ちながら価格がリーズナブルであることから人気があります。

58 解答 1 川越

川越札の辻（現在の埼玉県川越市）まで、江戸日本橋からは距離にして十三里。そのため川越甘藷は江戸庶民の間で「栗よりうまい十三里」と呼ばれ、おいしい焼き芋として人気を博してきました。栗（九里）＋より（四里）＝十三里という言葉遊びのしゃれです。

59 解答 2 川田龍吉

川田龍吉男爵は、造船会社経営のかたわら函館に農場を購入、明治41年に英国のサットン商会から種子ジャガイモを入手しました。この中に北米産の「アーリーローズ」（後に「男爵イモ」となる品種）も含まれていたといいます。「男爵イモ」の名はこの川田男爵にちなんだものです。

60 解答 1 キャベツ

シュー（chou）とは、キャベツの祖先のケールのことで、現在はキャベツも指すといわれています。

61 （歴史）

高糖度トマト「アメーラ」の名前の由来はどれか。選択肢の中から選びなさい。

1. 南米コロンビアのアメーラ地方原産の品種をもとに作られたから
2. 生産地の方言で「甘いでしょ」がなまった「あめえら」から
3. 紀州の誇る粘菌学者南方熊楠に由来して「アメーバ」から
4. 農学博士アメーラ・ロドリゲスの指導の下に改良されたから

62 （歴史）

徳川四代将軍家綱のお抱え絵師・狩野探幽が「唐なすび」として描いた野菜は何か。選択肢の中から選びなさい。

1. カボチャ
2. トマト
3. ナス
4. ピーマン

63 （歴史）

平安時代を舞台にした芥川龍之介の小説『芋粥』に登場する芋はどれか。選択肢の中から選びなさい。

1. サトイモ
2. ヤマノイモ
3. ジャガイモ
4. サツマイモ

64 （歴史）

メンデルが遺伝の法則を発見したことで知られる野菜は何か。選択肢の中から選びなさい。

1. ソラマメ
2. エンドウ
3. レンズマメ
4. インゲン

65 （歴史）

西洋に伝わることわざ「一日一個の○○○は医者を遠ざける」。この○○○とは何か。選択肢の中から選びなさい。

1. トマト
2. リンゴ
3. オレンジ
4. タマネギ

66 （歴史）

西洋に伝わることわざ「○○○が赤くなると医者が青くなる」。この○○○とは何か。選択肢の中から選びなさい。

1. トマト
2. モモ
3. ブドウ
4. ピーマン

第4章　腕試しベジフル問題

61 解答 2 生産地の方言で「甘いでしょ」がなまった「あめえら」から

「アメーラ」は静岡県を主な生産地とする高糖度トマト。標準語で「ろう」「だろう」に当たる確認・推定の語尾を静岡の方言では「ら」「だら」と言います。「甘いだろ」「甘いでしょ！」と親しみを込めていう方言がその名の由来です。

62 解答 2 トマト

狩野探幽の『草花写生図巻』（1668 年）にはトマトが描かれています。当時は観賞用とされており、食用になったのは明治以降。キャベツやタマネギ、アスパラガスなどの西洋野菜とともに改めて欧米から導入されたのです。

63 解答 2 ヤマノイモ

平安時代が舞台となった『芋粥(いもがゆ)』で、主人公が飽きるほど食べてみたいと憧れたのはヤマノイモの粥。ヤマノイモを薄く切ったものを甘葛（あまずら）の汁に混ぜて煮た粥のことで、高価な甘葛と山芋の薬効とを合わせた、当時の高級料理でした。ジャガイモやサツマイモが渡来したのはもっと後のことです。

64 解答 2 エンドウ

メンデルはエンドウマメを実験材料として、「優性の法則」などの法則を発見しました。エンドウは花粉が同じ花のめしべについて受粉する自家受粉が可能なことから、遺伝の実験には好都合だったと見られています。

65 解答 2 リンゴ

西洋には「一日一個のリンゴは医者を遠ざける（An apple a day keeps the doctor away.）」ということわざがあります。リンゴの栄養や健康効果について述べたものです。

66 解答 1 トマト

西洋には「トマトが赤くなると医者が青くなる」ということわざがあります。トマトの栄養や健康効果について述べたものです。カキやリンゴにも同様のことわざがあります。

67 （歴史）

ショウガの英語名「ジンジャー（ginger）」の語源は根茎の形状が何かに似ていることから来ているが、それは何か。選択肢の中から選びなさい。

1　鹿の角
2　魚のしっぽ
3　あひるの水かき
4　猫の耳

68 （歴史）

安土桃山時代、飛喜百翁という人が千利休をもてなそうとして、かえって不興をかったという記録がある。この出来事は何か。選択肢の中から選びなさい。

1　キュウリにハチミツをかけた
2　トマトに黒蜜をかけた
3　スイカに砂糖をかけた
4　リンゴに酢をかけた

69 （歴史）

実在しないことわざはどれか。選択肢の中から選びなさい。

1　家柄より芋がら
2　芋頭でも頭は頭
3　芋茎で足を衝く
4　干しいもは干しておけ

70 （歴史）

隠元禅師が中国から持ち帰ったという説があるのはどれか。選択肢の中から選びなさい。

1　パイナップル
2　キャベツ
3　チンゲンサイ
4　スイカ

71 （歴史）

最古の野菜といわれる「エンドウ」は、日本にはいつごろ伝えられたか。選択肢の中から選びなさい。

1　8世紀以前
2　12世紀
3　19世紀
4　20世紀

72 （歴史）

日清・日露戦争の従軍兵が持ち帰ったことで急速に日本に普及したとされる野菜は何か。選択肢の中から選びなさい。

1　ハクサイ
2　レタス
3　キャベツ
4　チンゲンサイ

67 解答 1 鹿の角

ショウガの原産地は熱帯アジア。学名「Zingiber」、英名「ginger」は、サンスクリット語で「角の形をしたもの」を意味する「Singavera」から。食用にする根茎が鹿の枝角に似ていることに由来しています。

68 解答 3 スイカに砂糖をかけた

当時は砂糖とともにスイカは貴重な果物で、スイカと砂糖を一緒に食すことはぜいたくなことでした。飛喜百翁が千利休を招き、スイカに砂糖をかけて出したところ、利休は砂糖のかかっていない部分だけ食べて帰り「スイカにはスイカの美味がある。どうして砂糖をまぶす必要があろうか」と嘆いたといいます。

69 解答 4 干しいもは干しておけ

「家柄より芋がら」＝「零落した旧家や名家には値打ちがない。食べられる芋がらのほうがいい」、「芋頭でも頭は頭」＝「たとえ小さくても集団の頭であればそれだけの値打ちがある」、「芋茎で足を衝く」＝「油断して思わぬ失敗をすること」という意味です。

70 解答 4 スイカ

スイカはウリ科。原産地はアフリカのカラハリ砂漠とする説が有力。中近東や中央アジアなどの砂漠地帯では水代わりにされていました。中国にはシルクロードを経て伝わったとされ「西域のウリ」を意味する「西瓜」と名づけられました。日本には江戸時代に隠元禅師が中国から持ち帰ったという説があります。

71 解答 1 8世紀以前

8世紀末に成立した『続日本紀』に「園豆」と記載があることから、それより以前に日本に伝えられたと考えられています。遣唐使がもたらしたという説が有力。

72 解答 1 ハクサイ

ハクサイはアブラナ科。原産地は中国華北地方とされています。日本では山東白菜が明治8年（1875年）に導入されましたが広まらず、その後日清戦争（1894年～）・日露戦争（1904年～）に出兵した日本兵が種子を持ち帰ったのが、日本での普及のきっかけとなったとされています。

73 (歴史)

江戸時代に「牡丹菜」「甘藍」などと呼ばれ、おもに観賞用として利用されていた野菜は何か。選択肢の中から選びなさい。

1　キャベツ
2　コマツナ
3　キク
4　ホウレンソウ

74 (歴史)

江戸時代の武士に嫌われたキュウリの食べ方はどれか。選択肢の中から選びなさい。

1　かつら剥き
2　縦割り
3　輪切り
4　丸かじり

75 (歴史)

江戸幕府が出した「野菜類初物禁止令」により早く出荷することを禁じられたのは、4月がタケノコ、5月がシロウリ。6月は何か。選択肢の中から選びなさい。

1　ナス
2　トマト
3　マクワウリ
4　カボチャ

76 (歴史)

北原白秋の詩で「地面の下からころげでた　やさいのにおいはすばらしい　キュウリの青いぼ、ナスのへた　とても、もぎたて」の後の言葉は何か。選択肢の中から選びなさい。

1　むずがゆい
2　みずみずしい
3　とげとげだ
4　おいしそう

77 (育ち)

肥料の3要素でないものはどれか。選択肢の中から選びなさい。

1　窒素
2　リン酸
3　アミノ酸
4　カリウム

78 (育ち)

イチゴは種で増やすのではなく、何と呼ぶつるを育てて実をつけるか。選択肢の中から選びなさい。

1　スイマー
2　ランナー
3　ドラマー
4　グラマー

73 解答 1 キャベツ

キャベツは江戸時代（1700年代初期）にオランダ人によって日本に伝えられましたが、当時は食用ではなく観賞用として栽培されました。その改良種は「葉牡丹」として独特の発達を遂げています。

74 解答 3 輪切り

江戸時代の武士はキュウリを輪切りにするのを慎んでいました。理由は、その切り口が徳川家の御紋（葵の紋）に似ているからです。なお、現在でも博多の伝統的な祭「祇園山笠」の期間中、関係者はキュウリを食べません。キュウリの切り口が櫛田神社の祇園宮の神紋「木瓜紋」と似ているからだそうです。

75 解答 3 マクワウリ

江戸時代には、その年に初めてできた作物やとれた魚などを「初物」と呼び、楽しんで味わう食道楽が流行しました。初物は早ければ早いほど高く売れることから、野菜の不時栽培や促成技術が工夫されて早く出す競争が次第に激しくなり、そのため江戸幕府はたびたび「野菜類初物禁止令」を出したそうです。

76 解答 1 むずがゆい

北原白秋の『やさい』という詩です。「おいしい」「おいしそう」という言葉を使わなくても、新鮮な野菜の魅力が十二分に伝わってきます。

77 解答 3 アミノ酸

肥料の3要素は窒素・リン酸・カリウム。窒素には葉を茂らせたり、茎を太く丈夫にしたりする働き、またリン酸には花や実を大きく育てる働き、さらにカリウムには根と茎を成長させる働きがあります。

78 解答 2 ランナー

イチゴは多年生の植物で、親株からランナーと呼ばれるつるを伸ばし、その先に根や葉を持つ子株を育てます。イチゴの種子は、私たちが食べているイチゴ果実の表面にあるつぶつぶです。

79 （育ち）

現在日本で行われているおもな作型に当てはまらないものはどれか。選択肢の中から選びなさい。

1　促成栽培
2　普通栽培
3　混同栽培
4　春まき栽培

80 （育ち）

徳島県の有名なサツマイモといえば鳴門金時。その特徴ある育て方はどれか。選択肢の中から選びなさい。

1　土耕栽培
2　砂耕栽培
3　水耕栽培
4　晴耕栽培

81 （育ち）

一般的にサツマイモの栽培に適さないと考えられる条件はどれか。選択肢の中から選びなさい。

1　日照時間が 12 時間
2　年平均気温が 13℃
3　とても乾燥した土地
4　生育期間の積算温度が 1500℃

82 （育ち）

栽培過程における作業によって、人為的に種無しにする果物はどれか。選択肢の中から選びなさい。

1　バナナ
2　モモ
3　ブドウ
4　パイナップル

83 （育ち）

沖縄県でウリやメロンの害虫ウリミバエを根絶させた方法とは何か。選択肢の中から選びなさい。

1　新農薬の開発
2　5年間の栽培中止
3　不妊虫を放飼した
4　牛乳を散布した

84 （育ち）

植物の生長点を無菌状態で試験管培養した、病気に感染していない作物を何というか。選択肢の中から選びなさい。

1　フリーダム
2　ウイルスフリー
3　バクテリアフリー
4　コンパニオンプランツ

79 解答 3 混同栽培

促成栽培とは、普通（露地）栽培よりも早い時期に栽培・収穫する方法。トンネルがけやビニールハウスをかけ保温することで、栽培に適した環境を作り出します。一方、普通栽培より遅い時期に栽培・収穫する方法を抑制栽培といいます。

80 解答 2 砂耕栽培

砂耕栽培とは、土の代わりに砂を利用する栽培方法。水はけの良い土地で育てることで、甘くてコクのあるサツマイモになるといいます。

81 解答 4 生育期間の積算温度が1500℃

サツマイモは本来、熱帯や亜熱帯で栽培されており、高温を好みます。生育するには生育期間の積算温度が2000℃〜3000℃必要であるとされています。また、年平均気温10℃以上が生育適温ともいわれています。

82 解答 3 ブドウ

植物ホルモンであるジベレリンをブドウの花房に浸すことで、種子の成長が阻害されます。その結果、種無しブドウとなります。デラウェアが有名ですが、近年では多くの品種に使われている技術です。

83 解答 3 不妊虫を放飼した

かつて、ウリミバエの発生により、沖縄から本土へのキュウリ・メロンの出荷が禁止されたことがあります。農林水省はウリミバエを根絶させるため1972年から不妊虫を放飼、1993年に根絶が確認されました。現在では、沖縄で生産されたキュウリやメロンが全国の食卓に上るようになっています。

84 解答 2 ウイルスフリー

植物の芽の先端には、新しい細胞を作り出す「生長点」と呼ばれる部分があります。この生長点はウイルスに感染していないことから、生長点だけを取り出し、培養することでウイルスに感染していない「ウイルスフリー」苗を作ることができます。現在、イチゴの苗などでウイルスフリー技術が使用されています。

85 （調理）

一般的に最も食欲を増進させると思われる色はどれか。選択肢の中から選びなさい。

1　赤
2　緑
3　白
4　青

86 （調理）

西洋ナシの食べごろはいつか。選択肢の中から選びなさい。

1　木からもいですぐ
2　果皮が青みがかったグリーンで、外見がキレイな時
3　果皮が茶色に近づき、下部がやわらかくなって香りが強まったら
4　下部が少し腐ったくらいの時

87 （調理）

生のスイートコーンを保存する方法として適切なのはどれか。選択肢の中から選びなさい。

1　皮付きのまま横に寝かせ、そのまま保存
2　皮付きのままラップで包み、立てて野菜室で保存
3　皮をむき、つるして保存
4　3等分ほどに小分けし、冷蔵庫で保存

88 （調理）

おいしいトマトはどれか。選択肢の中から選びなさい。

1　ヘタの周りが青々としている
2　花落ちに星状の線がある
3　形がデコボコしている
4　花落ちに裂け目ができている

89 （調理）

アスパラガスを保存する方法として適切なのはどれか。選択肢の中から選びなさい。

1　穂を上にして立てる
2　穂を下にして立てる
3　穂を左右にして寝かせる
4　穂を北の方向に向ける

90 （調理）

よいレタスの見分け方で誤っているのはどれか。選択肢の中から選びなさい。

1　切り口が白く、直径が2センチくらいの小さなもの
2　葉が淡い緑色でツヤがあるもの
3　ソフトに締まっていて弾力があるもの
4　持ったときにずっしりと重いもの

85　解答　1　赤

赤は最も食欲を増進させる色。食欲を刺激する、おいしそうな色です。また赤信号のように眼を惹き、注意を促す色でもあります。果実が熟すと赤くなるのは、実を動物や虫に食べてもらい、種を運ばせて子孫を増やそうとするためだとされています。

86　解答　3　果皮が茶色に近づき、下部がやわらかくなって香りが強まったら

西洋ナシは、収穫後「追熟（ついじゅく）」させないと食べごろになりません。代表的な品種は「バートレット」「ラ・フランス」「ル・レクチェ」など。英語の「ナシ（pear）」は西洋ナシを指します。

87　解答　2　皮付きのままラップで包み、立てて野菜室で保存

スイートコーンは傷みやすいので、購入した翌日には食べきりましょう。すぐに食べられない場合は、ゆでて粒を取り、冷凍保存するのもひとつの方法です。

88　解答　2　花落ちに星状の線がある

まず外見を見て、形がいびつでなく丸いもの、そして色まわりのよいものを選びましょう。さらに、てっぺんから星状（放射線状）に白い線が入っているものがよく熟しています。また、水に浮かべてみて浮くものは、中に空洞がある場合があり食味が落ちることも。

89　解答　1　穂を上にして立てる

アスパラガスを横にして保存すると、穂先が上へ上へと起き上がろうとしてエネルギーを消費するので、鮮度が早く落ちてしまいます。もともと呼吸作用が強く鮮度が落ちやすい野菜なので、必要な分だけ購入して早めに食べきるようにしましょう。

90　解答　4　持ったときにずっしりと重いもの

よいレタスは、持ったときに大きさの割に軽く感じるものです。キャベツと違い巻きがゆるいものの方が味がよいといわれます。

91 （調理）

リンゴと一緒に果物を保存すると早く熟すといわれます。このときリンゴが発生させるものは何か。選択肢の中から選びなさい。

1　エチレンガス
2　天然ガス
3　炭酸ガス
4　メタンガス

92 （調理）

アンデス地方の伝統保存食「チューニョ」は、何を乾燥させたものか。選択肢の中から選びなさい。

1　スイートコーン
2　ジャガイモ
3　タロイモ
4　トマト

93 （調理）

サツマイモを保存する方法として適切なのはどれか。選択肢の中から選びなさい。

1　新聞紙を巻いて、常温で保存
2　新聞紙を巻いて、冷蔵庫で保存
3　ラップを巻いて冷蔵庫で保存
4　そのまま常温で保存

94 （調理）

生シイタケを保存する方法として適切なのはどれか。選択肢の中から選びなさい。

1　水洗いをしてから冷蔵庫に入れる
2　水洗いしてから湿った新聞紙で包む
3　水洗いをせずポリ袋に入れて冷蔵庫へ入れる
4　水洗いをせずに湿った所におく

95 （調理）

バナナが甘くなった！　というサインはどれか。選択肢の中から選びなさい。

1　中から果汁が流れ出る
2　全体に真黒くなる
3　黒い斑点が出る
4　あざやかな黄色になる

96 （調理）

ナスの皮の紫色を残すのに向く調理法はどれか。選択肢の中から選びなさい。

1　ゆでる
2　蒸す
3　たたく
4　揚げる

91　解答　1　エチレンガス

野菜・果物が呼吸するときに発生するのがエチレンガス。エチレンガスは植物の成長ホルモンであると同時に老化ホルモンでもあります。リンゴはエチレン発生量が多い品目のひとつです。ほかの野菜・果物を一緒に入れておくと、早く熟したり、しなびてしまったりします。

92　解答　2　ジャガイモ

先コロンブス時代、中央アンデス地方では、ジャガイモを凍結・乾燥させることで水分と毒成分を抜く方法が発見され、長期にわたる保存・備蓄が可能になりました。このジャガイモ加工品を「チューニョ」と呼びます。調理法は挽いて粉にしたり、水に漬けて戻したものを煮たり、蒸したりとさまざま。

93　解答　1　新聞紙を巻いて、常温で保存

サツマイモは余分な水分も乾燥も嫌います。新聞紙にくるむことで、サツマイモの好む湿度に調整をしましょう。またサツマイモは低温に弱いので必ず常温で保存しましょう。

94　解答　3　水洗いをせずポリ袋に入れて冷蔵庫へ入れる

キノコは湿気を嫌うので、水洗いをせず包装のままもしくはポリ袋に入れて冷蔵庫にしまいましょう。大量に生シイタケが手に入った場合はザルなどに並べ天日で十分に乾燥させた後、ネットに入れて湿気の無いところで保存しましょう。

95　解答　3　黒い斑点が出る

収穫時の緑色のバナナは甘くありません。果肉内ででんぷんが糖化するにつれて甘くなり、香りも豊かに、果皮も黄色く色づいてきます。黄色い皮の上に黒い斑点が現れたころが食べごろ。この斑点は「シュガースポット」といって、熟れごろ・食べごろのサインなのです。

96　解答　4　揚げる

紫色の色素であるアントシアニンは、水に溶けやすく油に溶けにくいという性質があります。揚げるという調理法では食品中の水分が油と交換されますが、アントシアニンは油に溶出しないため鮮やかな紫色を呈します。しかしゆでる・蒸すなどの調理法では水分が多く緑褐色となってしまいます。

97 （調理）

「おかあげ」とはどういう調理法か。選択肢の中から選びなさい。

1 野菜をゆで、ザルにあげてそのまま冷ます
2 野菜をゆで、水をかけて冷ます
3 野菜をゆで、粉をたっぷりつけて油で揚げる
4 野菜をゆで、粉をつけずに油で揚げる

98 （調理）

「たたきゴボウ」とはゴボウのどういう調理法か。選択肢の中から選びなさい。

1 包丁でたたいて適当な大きさに切る
2 まな板にたたきつけて適当な大きさに砕く
3 すりこぎでたたいてひびを入れ適当な大きさに切る
4 肉や魚をゴボウでたたいて下味をつける

99 （調理）

「天日干し」とはどういう調理法か。選択肢の中から選びなさい。

1 太陽に当たるところで干す
2 日陰で干す
3 雪の中に干す
4 水の中につけておく

100 （調理）

タマネギを切るときに涙を流さなくて済む方法はどれか。選択肢の中から選びなさい。

1 半分に切り1時間程放置してから切る
2 半分に切って、断面同士をこすりつけてから切る
3 冷蔵庫でよく冷やしてから切る
4 塩で揉んでから切る

101 （調理）

「蛇腹切り」に向く野菜はどれか。選択肢の中から選びなさい。

1 アボカド
2 キュウリ
3 ピーマン
4 レンコン

102 （調理）

「千切り」とはどんな切り方か。選択肢の中から選びなさい。

1 ダイコンなどの野菜を細長く切ること
2 「千回」というほどみじんに切りきざむこと
3 ゴボウなどの食材を回しながら、表面積が大きくなるように斜めに切ること
4 短冊のような形に切ること

97　解答　1　野菜をゆで、ザルにあげてそのまま冷ます

「陸上げ（おかあげ）」は日本料理の技法のひとつ。野菜だけでなく肉や魚にも使います。

98　解答　3　すりこぎでたたいてひびを入れ適当な大きさに切る

ゴボウをすりこぎなどの棒でたたくことで、組織が軟化し食べやすくなります。また素材の表面に細かな亀裂がたくさんできるため、味もしみこみやすくなり薄味でもおいしくいただけます。キュウリにも使われる調理法です。

99　解答　1　太陽に当たるところで干す

「天日干し」とは、米や海産物、野菜などの素材を、野外で太陽と風によって乾燥させること。これにより甘み・うま味が増すといわれています。

100　解答　3　冷蔵庫でよく冷やしてから切る

タマネギの臭気・辛味は硫化アリルという成分。タマネギを切ると涙が出るのは、この硫化アリルの一種アリシンが空気に触れて催涙物質が発生、鼻腔と涙腺を刺激するからです。冷蔵庫で冷やしておくことでアリシンが揮発しにくくなるため、涙を流さずに切ることができます。

101　解答　2　キュウリ

仕上がりが蛇のようにくねくねとした形になるので「蛇腹切り」。キュウリのように細長くてしかもやわらかい素材に向いています。塩水に漬けて食べます。

102　解答　1　ダイコンなどの野菜を細長く切ること

千切りは、うす切りした素材をそろえて端から細く切る方法。素材によってはそのまま細く切るものもあります。ダイコン、ニンジンのほかキャベツなどにもよく用いられます。マッチ棒程度の太さに切ったものは「千六本」と呼ばれます。

103 （調理）

野菜の切り方で実在しないものはどれか。選択肢の中から選びなさい。

1 巾着切り
2 半月切り
3 色紙切り
4 短冊切り

104 （調理）

ソラマメを発酵させて作った中国の調味料はどれか。選択肢の中から選びなさい。

1 豆板醤
2 甜麺醤
3 XO醤
4 芝麻醤

105 （調理）

「湯むき」とは何か。選択肢の中から選びなさい。

1 手が冷たくないよう、お湯をはったたらいの中で皮をむく
2 熱湯にくぐらせて皮をむく
3 自然に皮がむけるまでゆでる
4 湯川秀樹博士が好んで使用した皮むき器

106 （調理）

「おろし煮」とはどんな調理法か。選択肢の中から選びなさい。

1 仕上げに大根おろしを加えてさっと煮る
2 強火で煮た後、火から下ろし、余熱で煮る
3 鍋を火から上げたり下ろしたりしながら煮る
4 ロシア料理のボルシチをかつて「おろしや煮」と呼んだ名残から

107 （調理）

タケノコをゆでる時に、アク抜きのために入れるのはどれか。選択肢の中から選びなさい。

1 塩
2 オリーブオイル
3 米ぬか
4 灰

108 （調理）

大根おろしにする時、ダイコンの一番辛い所はどれか。選択肢の中から選びなさい。

1 葉に近い上部
2 真ん中の部分
3 先端の部分
4 中心の芯の部分

103 解答 1 巾着切り

仕上がりの形が、「半月切り」は半月、「色紙切り」は色紙、「短冊切り」は短冊のようになるのでこう呼ばれます。

104 解答 1 豆板醤

四川料理には欠かせない調味料「豆板醤」。ソラマメに唐辛子や花椒などを加えて熟成させたみそです。主な産地は中国の四川と安慶。

105 解答 2 熱湯にくぐらせて皮をむく

湯むきは、皮に軽く十字に切れ目を入れて熱湯にくぐらせ冷水にとって皮をむく調理法をいいます。熱湯にくぐらせることで皮が縮み、めくりやすくなります。トマト、パプリカ、モモなどでよく行われます。

106 解答 1 仕上げに大根おろしを加えてさっと煮る

薄味で煮汁が多めの煮物を作り、仕上げに大根おろしを加えて短時間加熱します。大根おろしが素材に絡まるので、薄味でもおいしく食べられるうえ、ダイコンもたっぷり食べられます。また、短時間で加熱することで消化酵素のジアスターゼの失活を減らすことができます。

107 解答 3 米ぬか

ぬかに含まれるデンプンがアクを吸着します。またぬかに含まれるうまみ成分がタケノコに移り、より一層おいしくなるといわれています。また、ぬかと共に唐辛子を入れることもありますが、これはアクを感じさせなくするためだといわれています。ぬかがない場合は米のとぎ汁で代用しましょう。

108 解答 3 先端の部分

ダイコンにはグルコシノレートという辛味成分が含まれ、すりおろすことで辛味成分イソチオシアネートとなります。このグルコシノレートはダイコンの先端近くに豊富に含まれるため、大根おろしにすると先端のほうが辛く感じるのです。

109 (調理)

中華料理に使われる黄ニラの正体は何か。選択肢の中から選びなさい。

1 ニラと似ているが全く別のもの
2 普通のニラを若いうちにとったもの
3 普通のニラを日光に当てないよう栽培したもの
4 普通のニラが突然変異で色変わりしたもの

110 (調理)

七味唐辛子の中に入っているのは何の皮か。選択肢の中から選びなさい。

1 スイカ
2 リンゴ
3 ミカン
4 ニンジン

111 (調理)

キュウリなどをまな板にのせて塩を振り、手で転がす調理工程を何と呼ぶか。選択肢の中から選びなさい。

1 塩ころがし
2 板ずり
3 板めつけ
4 追い塩

112 (調理)

「ゆでこぼす」とはどんな作業か。選択肢の中から選びなさい。

1 鍋からこぼれそうなほどのお湯でゆでること
2 鍋がふきこぼれるまでゆでること
3 ゆで汁を捨てること
4 ゆでた後すぐに水にさらすこと

113 (調理)

ワサビはまるごとかじってもあまり辛くない。その理由はどれか。選択肢の中から選びなさい。

1 加熱しないと辛くないから
2 辛み成分を添加して商品としているから
3 外皮をむかないと辛くないから
4 すりおろさないと辛くないから

114 (調理)

「一汁三菜」とは何か。選択肢の中から選びなさい。

1 野菜3種類入った汁物のこと
2 ほうれん草を3本入れた汁物のこと
3 汁物と野菜3種類を使ったおかずのこと
4 汁物とおかず3種類の組み合わせのこと

109 解答 3 普通のニラを日光に当てないよう栽培したもの

中華料理などの高級食材として知られる「黄ニラ」は、普通の青ニラにシートをかぶせ、日光を遮断して栽培したもの。香りや歯ざわりがやわらかく、食べやすいのが特徴です。

110 解答 3 ミカン

七味唐辛子は、トウガラシを主原料として7種類の原料から作られます。トウガラシ以外の内容物は生産者によって異なりますが、よく使われるのは「陳皮」「芥子」「胡麻」「山椒」「麻の実」「紫蘇」「海苔」「青海苔」「生姜」「菜種」。このうち「陳皮（ちんぴ）」とは、熟したミカンの皮を干したものです。

111 解答 2 板ずり

「板ずり」をすることで、キュウリやフキなどの素材の色をさらに鮮やかにします。また表面が傷付くことで組織が適度にこわれて調味料がなじみやすくなったり、皮がむきやすくなるというメリットも。

112 解答 3 ゆで汁を捨てること

アクや渋み、ぬめりをとるときに用いる方法で、素材をゆでて、そのゆで汁を捨てることです。

113 解答 4 すりおろさないと辛くないから

ワサビは地下茎をすりおろして薬味にします。特有の刺激性の辛味成分は配糖体シニグリンという物質で、そのままではそれほど辛くありませんが、すりおろすとシニグリンが分解して刺激性の強い辛味を発揮します。

114 解答 4 汁物とおかず3種類の組み合わせのこと

日本料理の献立の基本。ごはん汁ものに、向付、煮物、焼き物の3種類のおかずを組み合わせた献立のことをいいます。

115 （調理）

シシトウやピーマンなどを、色を活かすためにそのまま揚げることを何というか。選択肢の中から選びなさい。

1　から揚げ
2　素揚げ
3　衣揚げ
4　かき揚げ

116 （調理）

レンコン・サトイモ・カブなど白い素材を、薄口しょうゆを少量使うなどして色をつけないように煮ることを何というか。選択肢の中から選びなさい。

1　青煮
2　白煮
3　うま煮
4　治部煮

117 （調理）

ゴボウやニンジンの切り方で、鉛筆を削る要領で切った形からその名が付いたのはどれか。選択肢の中から選びなさい。

1　千六本
2　笹掻き
3　鬼皮
4　飾り包丁

118 （調理）

リンゴの皮をむいてそのままにしておくと、切り身が褐色になってしまいます。これを防ぐのに適切な方法はどれか。選択肢の中から選びなさい。

1　キウイフルーツをそばに置く
2　日光に当てる
3　冷蔵庫に入れる
4　塩水に漬ける

119 （調理）

メロンを切った後に保存するのに適切な方法はどれか。選択肢の中から選びなさい。

1　皮をむいてしまう
2　種をとる
3　アルコールを軽く振りかける
4　そのまま何もしない

120 （調理）

バルサミコは、ある果汁の糖分を酢酸発酵させて作った酢。何の果汁か、選択肢の中から選びなさい。

1　ライム
2　レモン
3　ブドウ
4　リンゴ

115 解答 2 素揚げ

衣や下味を付けずに揚げることで素材の色や形・味が活かされるとともに、色鮮やかに仕上がります。から揚げは素材に粉を付けて揚げる方法、衣揚げは素材に粉とそれ以外のもの（パン粉や衣など）を付けて揚げる方法、かき揚げは複数の素材に衣を付けて揚げる方法です。

116 解答 2 白煮

白い材料の白さを活かして薄味で煮上げる方法。強火で煮て、素材が柔らかくなったら出来上がりです。他にナガイモ、ウドなどにも用いられます。

117 解答 2 笹掻き

笹掻きは野菜の切り方のひとつ。ゴボウやニンジンなど細長い円筒形を、鉛筆を削る要領で薄く小さくそぎ落とす（掻く）切り方です。切った形が笹の葉に似ていることからこの名が付けました。

118 解答 4 塩水に漬ける

断面が褐変するのは、リンゴの中に含まれるポリフェノールが酸素と結合して、キノンという物質に変化するためです。変色を防ぐには、薄い食塩水（0.1％程度）につけたり、レモン果汁をかけたりする方法が広く知られています。これによりリンゴの表面に膜ができて、酸化酵素と結び付きにくくなるからです。

119 解答 2 種をとる

種の部分から劣化してくるので、種を取り、切り口をしっかりラップして冷蔵庫の野菜室で保存しましょう。種を取ってもカットをしてしまうと劣化が早まるので、2〜3日中には食べきるようにしましょう。

120 解答 3 ブドウ

「バルサミコ（Balsamico）」はイタリア語で「香り高い・芳香がある」といった意味。ワインとブドウ果汁とを熟成させて作る、イタリアの伝統的な食酢です。香り高さとつややかな黒褐色が特徴。オリーブオイルと合わせてサラダのドレッシングにしたり、肉や魚のソースにも使います。

121 （調理）

「サラダ」という言葉のもともとの意味は何か。選択肢の中から選びなさい。

1 オイルをかけた野菜
2 生で食べる野菜
3 塩を振りかけたもの
4 皿に盛る料理

122 （調理）

明治時代、洋食屋がポークカツレツに添えて出したことに始まり、生で食べるのが普及したといわれる野菜は何か。選択肢の中から選びなさい。

1 クレソン
2 トマト
3 レタス
4 キャベツ

123 （調理）

中国の五行思想では上海ガニを食べると体を冷やすので、ある薬味野菜とともに食べると良いといいます。その野菜とは何か。選択肢の中から選びなさい。

1 ニンニク
2 ミョウガ
3 ショウガ
4 トウガラシ

124 （流通）

野菜・果物などを生産地から消費地まで低温のまま輸送させる流通システムを何というか。選択肢の中から選びなさい。

1 クールチェーン
2 コールドチェーン
3 ベジフルチェーン
4 バリューチェーン

125 （流通）

野菜・果物などの履歴を流通システムの構築や表示によって追跡させる仕組みを何というか。選択肢の中から選びなさい。

1 ストーカビリティ
2 アカウンタビリティ
3 トレーサビリティ
4 ライアビリティ

126 （流通）

宇宙食製造のために作られた食品の衛生管理手法で、現在多くの国で導入が義務化されているものを何というか。選択肢の中から選びなさい。

1 HACKING
2 HACCP
3 WTO
4 NGO

121　解答 3　塩を振りかけたもの

「サラダ」は英語で「salad」、ドイツ語で「Salat（ザラート）」、フランス語で「Salade（サラード）」。「塩」を意味するラテン語の「sal（サール）」に由来しています。日本にはポルトガル語の「salada」から来たという説が有力です。

122　解答 4　キャベツ

結球キャベツが日本に渡来したのは江戸時代末期ですが、当時の日本では、薬味や大根おろしなどごく一部を除いて野菜を生で食べる習慣がありませんでした。キャベツの生食は明治以降、ポークカツレツ（トンカツ）人気とともに普及したといわれています。

123　解答 3　ショウガ

秋から春節（旧正月）までの味覚・上海ガニにはショウガがつきもの。五行思想では、ショウガは上海ガニとは逆に体を温めるとされているのです。蒸したカニの肉を、黒酢とザラメとショウガで作った甘酢たれにつけて食べます。食べ終わったらショウガ茶を飲むことも。

124　解答 2　コールドチェーン

コールドチェーン（cold chain）は商品の流通方式のひとつ。生鮮食品や冷凍・冷蔵食品を、生産・輸送・消費の過程の間で途切れることなく低温に保つ流通システムです。これにより生鮮食品の広域流通や長期間の保存が可能になりました。

125　解答 3　トレーサビリティ

トレーサビリティ（traceability）は直訳すると「追跡可能性」。商品の製造元・販売先などの記録をとっておき、情報を追跡できるようにすることです。これにより問題が発生した時の対応が容易になります。特に食品分野では、トレーサビリティが注目されつつあります。

126　解答 2　HACCP

HACCP（Hazard Analysis and Critical Control Point）は 1960 年代に米国で宇宙食の安全性を確保するために開発された食品の衛生管理の方式。国連食糧農業機関（FAO）と世界保健機構（WHO）の合同機関である CODEX 委員会から発表されました。

127 (流通)

この規格を満たしている飲食料品は、そのことを示すマークを付けることができる。この規格とは何か。選択肢の中から選びなさい。

1 JIS
2 JAS
3 HACCP
4 PL

128 (栄養)

現代人は野菜不足だといわれます。日本人が一日に摂取すべき野菜の量は何gか。選択肢の中から選びなさい。

1 35g
2 200g
3 350g
4 500g

129 (栄養)

ナスに多く含まれる紫色の成分はどれか。選択肢の中から選びなさい。

1 アントシアニン
2 リコピン
3 カプサイシン
4 カロテン

130 (栄養)

トマトの葉に含まれる毒成分はどれか。選択肢の中から選びなさい。

1 リコピン
2 トマチン
3 カロテン
4 トマトトーン

131 (栄養)

トマトに含まれる赤色の成分はどれか。選択肢の中から選びなさい。

1 ラコピン
2 リコピン
3 ルコピン
4 デコピン

132 (栄養)

緑黄色野菜に共通して多く含まれる、視覚作用や皮膚や粘膜の正常化に関連があるビタミンはどれか。選択肢の中から選びなさい。

1 ビタミンA
2 ビタミンC
3 ビタミンD
4 ビタミンE

127 解答 2 JAS

JAS規格（日本農林規格）はJAS法に基づいて定められた飲食料品や林産物などの製品の基準。この規格を満たしていることが確認された製品にはJASマークを付けることができます。マークが付いていれば、その製品が一定の品質をもっていることがわかります。

128 解答 3 350g

「健康日本21」によると、野菜・果物に豊富に含まれるカリウム・食物繊維・抗酸化ビタミンなどはさまざまな疾病の予防に効果的と考えられています。これらの栄養素を摂取するには野菜を350〜400g食べる必要があることから、一日平均350g以上が目標になっています。

129 解答 1 アントシアニン

皮の紫色は、ポリフェノールの一種であるアントシアニンで、ナスニンと呼ばれています。ポリフェノールには抗酸化作用があるため、生活習慣病予防に関連があるとされる機能性成分。アントシアニンは水に溶けやすい性質を持っているので、調理の際は焼く、揚げる他、煮汁ごと食べられるものがおすすめです。

130 解答 2 トマチン

トマチンはトマトの葉や茎、未成熟の青い実に含まれる中毒成分です。ジャガイモの芽に含まれるソラニンと同じような毒性だといわれます。

131 解答 2 リコピン

リコピンはトマトの赤色のもとになっている色素。リコピンはカロテンの一種で熱に対しても安定しているので、トマトソースなどでもしっかり摂取することが可能です。トマトのほか、スイカやカキなどの主要な色素でもあります。

132 解答 1 ビタミンA

ビタミンAは野菜・果物の中ではカロテンとして存在し、緑黄色野菜は「可食部100gあたりカロテン含量が600μg以上のもの」と定義されています。可食部100gあたりのカロテン含量が600μg未満であっても、摂取量や食べる頻度が多く、有効なカロテン源となっているものも緑黄色野菜になっています。

133 （栄養）

梅の実は青いうちは毒があり、食べると中毒症状を起こしてしまいます。その毒となる物質は何か。選択肢の中から選びなさい。

1　梅毒
2　ボツリヌス菌
3　青酸
4　コレステロール

134 （栄養）

ビタミンには、脂溶性と水溶性の2種類があります。選択枠の中から、水溶性のビタミンを選びなさい。

1　ビタミンA
2　ビタミンC
3　ビタミンD
4　ビタミンE

135 （栄養）

栄養価が高いことから「森のバター」と呼ばれる果物はどれか。選択肢の中から選びなさい。

1　マンゴー
2　アボカド
3　ズッキーニ
4　パパイヤ

136 （栄養）

キウイフルーツをゼラチンに入れるとどうなるか。選択肢の中から選びなさい。

1　ゼラチンが固まりやすくなる
2　ゼラチンが固まりにくくなる
3　ゼラチンが真っ赤に染まる
4　ゼラチンにキウイフルーツの種が溶け出す

137 （栄養）

ジャガイモの芽に含まれる毒成分はどれか。選択肢の中から選びなさい。

1　レーニン
2　ソラニン
3　ナスニン
4　アピゲニン

138 （栄養）

生活習慣病の定義として正しいものはどれか。選択肢の中から選びなさい

1　やる気が出ない病気
2　食習慣・喫煙などの生活習慣が、その発症などに関与する病気
3　ファーストフードを食べないと手が震える病気
4　起床、就寝時間が乱れる病気

133 解答 3 青酸

ウメやモモ、ビワ等のバラ科の果実には、アミグダリンやプルナシンなどの青酸配糖体が含まれています。これらには毒性はありませんが、食べると酵素的分解が行われ、毒作用のある青酸が発生します。

134 解答 2 ビタミンC

ビタミンには、脂に溶けやすい脂溶性ビタミンと水に溶けやすい水溶性ビタミンの2種類があります。ビタミンCは水溶性のため、野菜を茹でる時間が長くなるにつれ残存率が低くなってしまいます。スープなどにすると、流れ出た栄養素も摂取できます。

135 解答 2 アボカド

アボカドは果実1個あたり、重量にして約16％、エネルギーでは約80％が脂肪分であることから「森のバター」と呼ばれます。この脂肪分はほとんどが不飽和脂肪酸です。バターなどの飽和脂肪酸がコレステロールの元になるのに対し、不飽和脂肪酸はコレステロールを低下させる働きも。ただし摂りすぎには注意が必要です。

136 解答 2 ゼラチンが固まりにくくなる

キウイフルーツにはたんぱく質分解酵素のアクチニジンが含まれているため、ゼラチンの凝固をじゃましてしまいます。キウイフルーツのゼリーを作るときには、キウイを加熱してアクチニジンを失活させるか、ゲル化剤に寒天を使いましょう。

137 解答 2 ソラニン

ジャガイモの芽には「ソラニン」という有毒のアルカロイドが含まれています。調理するときには芽を深くえぐりとってしまいましょう。また、皮が緑化している部分にも同様にソラニンが発生しているので、皮をきちんと取り除いて使いましょう。

138 解答 2 食習慣・喫煙などの生活習慣が、その発症などに関与する病気

生活習慣病は日ごろの生活習慣の積み重ねが関与する病気。生活習慣病には糖尿病や脂質異常症・高血圧症などがあり、日本人の多くが生活習慣病に起因する疾患で亡くなっているといいます。

139 （栄養）

緑黄色野菜と淡色野菜は、ある栄養素の含有量を基準に分けられる。その栄養素は何か。選択肢の中から選びなさい。

1　カロテン
2　ビタミンD
3　アミノ酸
4　リコピン

140 （栄養）

肥満の判定法BMI（Body Mass Index）は体重÷身長（m）の2乗ですが、生活習慣病のリスクが最も低いといわれている数値はどれか。選択肢の中から選びなさい。

1　BMI 0
2　BMI 8
3　BMI 22
4　BMI 34

141 （栄養）

この中で最も水分が多いものはどれか。選択肢の中から選びなさい。

1　ジャガイモ
2　グリーンピース
3　バナナ
4　クリ

142 （栄養）

サツマイモやジャガイモを保存すると甘みが増す。これは含有する酵素の働きによるものだが、その酵素とは何か。選択肢の中から選びなさい。

1　リポキシゲナーゼ
2　アミラーゼ
3　カテコラーゼ
4　イモラーゼ

143 （栄養）

1日に「何を」「どれだけ」食べたらよいかの目安を図解したもので、厚生労働省と農林水産省の共同により平成17年に策定されたのは何か。選択肢の中から選びなさい。

1　ポジティブリスト
2　フードピラミッド
3　ベジフルダイアリー
4　食事バランスガイド

144 （栄養）

じゃがいもに多く含まれるでんぷん。でんぷんが多く含まれる部分はどこか。選択肢の中から選びなさい。

1　中心
2　皮に近い部分
3　均一に含まれている
4　そのじゃがいもによって異なる

139 解答 1 カロテン

緑黄色野菜は「可食部100gあたりカロテン含量が600μg以上のもの」と定義されています。また、可食部100gあたりのカロテン含量が600μg未満であっても摂取量や食べる頻度が多く、実際に有効なカロテン源となっているものも緑黄色野菜として取り扱われています。

140 解答 3 BMI 22

BMI値は18.5未満が「低体重」、18.5〜25未満が「正常値」、25〜30未満は「肥満度1」、30〜35未満は「肥満度2」、35〜40未満は「肥満度3」、40以上は「肥満度4」と判断されます。日本肥満学会によると、BMI22が統計的に見て最も有病率が低いとされています。

141 解答 1 ジャガイモ

水分はそれぞれ、ジャガイモ79.8％、グリーンピース76.5％、バナナ75.4％、クリ58.8％です。

142 解答 2 アミラーゼ

ジャガイモやサツマイモのデンプンは、保存中にアミラーゼの働きによって糖に変化します。アミラーゼは私たち人間も持っている酵素です。唾液腺やすい臓から分泌され、デンプンの消化を行っています。

143 解答 4 食事バランスガイド

「食事バランスガイド」は平成17年6月に厚生労働省と農林水産省が発表した指針。1日分の食事の摂取量をわかりやすくイラストで表示。このイラストはコマをイメージしており、バランスを崩してコマが倒れてしまわないように、生活習慣病を予防しバランスのとれた食生活を実現していくという意味があります。

144 解答 2 皮に近い部分

でんぷん以外の栄養素も、皮に近い部分に多く含まれています。栄養をしっかり摂るためには、できれば皮つきのまま食べるのがよいでしょう。

● 付録

日本野菜ソムリエ協会認定 料理教室

都道府県	氏名	教室名
北海道	佐藤 直子	しゅがーず
秋田県	鈴木 まり子	マリアージュ
岩手県	小原 薫	アトリエ Afternoon Tea
山形県	鐙谷 孝子	Takako's きっちん
	三橋 弘子	ラ・ミア・ターボラ
宮城県	沼田 公美	「ごはんの会」
	石館 志保子	花野果村キッチンガーデン
福島県	小汲 律	料理教室 トラベジ
	新妻 優子	ゆうこキッチン（和漢膳家庭料理教室）
新潟県	味方 百合子	日本野菜ソムリエ協会認定 料理教室「キッチン・トーク」
	原 早苗	美 bi・菜 sai・果 ka
	清野 朱美	湊町 Kitchen Studio
山梨県	玉川 眞奈美	bonne sante et beauté ～旬菜果食育料理教室（野菜ソムリエ講師による）
栃木県	川村 葉子	SEASONS
群馬県	粕川 美智子	キッチン MVR
	木村 恵子	Lecker Kueche～ 体にやさしい料理教室 ～
茨城県	田野島 万由子	野菜ソムリエ mayu「野菜と雑穀の教室～うまみ食堂～」
	宮澤 孝子	じおふーず 薬膳料理教室
	吉村 千鶴子	MON'S KITCHEN（モンズ キッチン）
東京都	岡本 まどか	天然酵母パン教室 Lumias
	鷲田 和代	ベジフルクッキングサポート築地
	平井 静子	自家製天然酵母パン教室 La pain
	米野 正子	m・K クッキング
	麻生 怜菜	あそれい精進料理教室
	田中 弘美	Sunny Spot／サニースポット
	日高 直子	kitchen studio "nao"
	清成 弥生	ハラール専門料理教室「HALAL JAPANESE COOKING」
	高田 敦子	ATSUKO テーブル＆クッキングスタジオ
	葉山 ひより	Coucou à table! ククアターブル！
	有川 奈名子	tanabata table
	田代 由紀子	野菜ソムリエ×アスリートフードマイスター料理教室 たしろゆきこのオレンジキッチン
	橋場 朋美	ATELIER CoCo
	鈴木 佳美	Salon de Cuu

	松本　久美子	cucina cuore 心の台所	
	大熊　真理	野菜果物ビューティーサロン 真理のベジタブルカッティング	
千葉県	丸　のり子	Baking Salon "La Boule" ベイキングサロン "ラブール"	
	堤　和美	Aries アリエス料理教室	
	畑中　麻由美	ラ・ジョルジーナ	
埼玉県	牧野　悦子	旬の野菜　料理教室	
	李　美栄	恵みの食卓	
	福島　玲子	料理・野菜教室 Home cooking	
神奈川県	鈴木　佳世子	料理教室 ks-café	
	石田　いくり	kitchen　mokubatei	
	安部　加代子	Kayo's Vegetable Laboratory	
	上野　ひとみ	「ごはんやひとみ」	
	嶋田　恵美子	ほほ☆えみ kitchen	
	前之園　知子	アクロビオティック AOMUGI	
	後藤　広美	楽食キッチン	
静岡県	山城　知美	クッキングサロン Eruca	
	大沼　順子	料理教室　JibaJiba	
愛知県	荒川　八千代	やちよ教室	
	諏田　恭子	アミー料理教室	
	仙田　佳代子	旬の野菜でクッキング	
	村井　れい子	Cooking Salon ココット	
	小林　幸子	natura-culina 種の実	
福井県	前田　公子	ぷちカフェ料理教室	
石川県	小川　美樹子	OGAWA's Cosy Kitchen	
三重県	小畑　貴子	lalala ♪ kitchen	
大阪府	櫻井　純子	Cucina il sale （クチーナイルサーレ）	
	野口　知恵	vegefuru ☆ promenade	
	木村　通子	お料理サロン☆エトワール	
	原野　揚子	野菜料理教室「y.vege」	
	赤木　久美江	ワインプラザ YUNOKI	
	木村　通子	お料理サロン☆エトワール	
	中川　佳子	料理工房 un deux trois	
兵庫県	濱中　八重	ラ・ターボラ・フェリーチェ～幸せな食卓～	
	庭野　ゆかり	Honey Cooking Club ［ハニークッキングクラブ］	
	河内　郁子	ikuko's kitchen	
	佐々木　なお子	『kotokoto ☆ kitchen』	
	佐々木　香	野菜と雑穀の教室「べじつぶさろん」	
	高見　忠男	早朝、男の料理教室（キッチン＆カフェ　エマーブル）	

	川端　寿美香	野菜と魚のおもてなしサロン「Maman's Dream」	
	栗田　登志子	栗田クッキングサロン	
	北川　由紀	kitchen neve	
	奥田　佐智子	アスリートフードマイスター・野菜ソムリエの料理教室　sacchin-kitchen Colza	
	西田　晴美	ローフードマイスター神戸六甲校	
	岩本　貴代美	house l ＊ famille（あい＊ふぁみーゆ）	
	三谷　久美子	KUMI'S KITCHEN	
和歌山県	垣淵　浩子	野菜ソムリエに学ぶ『野菜で作るおいしい食事』	
	阪口　理紗	kitchen salon「ナチュベジ ライフ」	
香川県	島　みさ子	料理とパン・お菓子のお教室　島　ルヴァン	
愛媛県	合田　麻紀	Lart.G（アール・ジー）	
	長井　みえ子	Sanbi de Cafe キッチン	
	加藤　智子	Kitchen Copain	
鳥取県	長島　明子	野菜ソムリエ AKIKO のベジタブルレッスン	
岡山県	篠原　奈緒	ことり食堂	
広島県	中島　朱美、中本　美穂子	SWEETS ＆きまぐれ LUNCH	
	峰　しのぶ	おうちごはん教室	
山口県	有吉　明美	サロン　ド　アケミーナ	
福岡県	渡辺　勝文	ようこそ季節の野菜を使ったフランス家庭料理	
	山崎　八千代	YACHIYO COOKING STYLE	
	西川　昌代	pain de famille	
大分県	小倉　倫子	薬膳おおいた『薬膳スタジオ★willow』子どもやくぜん教室	
	白井　貞子	フェリーチェ・ピアット	
	髙倉　順子	キッチン　やさしい味	
沖縄県	大城　しま子	shimashima's simle kitchen	
	大友　美幸	Mother's　Kitchen　～野菜ソムリエの幸せごはん～	
	具志堅　サワ子	さわやかキッチン YU・KU・RU	
	手登根　節子	テトネーゼキッチン	

2024年 2 月末現在

日本野菜ソムリエ協会認定 レストラン

フ フレンチ ／ イ イタリアン ／ 和 和食 ／ 洋 洋食 ／ 中 中華 ／ ア アジア・エスニック ／ 欧 欧米
肉 焼肉 ／ 自 自然食・オーガニック ／ 無 無国籍 ／ 酒 居酒屋・ダイニングバー ／ カ カフェ ／ 他 その他

北海道エリア

肉 金剛園　本店（苫小牧市）

肉 焼肉レストラン一心亭　函館広野店（函館市）

和 高陣（石狩郡当別町）

東北エリア

肉 焼肉レストラン一心亭　むつ店（青森県／むつ市）

肉 焼肉レストラン一心亭　五所川原店（青森県／五所川原市）

肉 焼肉レストラン一心亭　イオンモールつがる柏店
　　（青森県／つがる市）

肉 焼肉レストラン一心亭　鰺ヶ沢店
　　（青森県／西津軽郡鰺ヶ沢町）

肉 焼肉レストラン一心亭　鶴田店（青森県／北津軽郡鶴田町）

肉 焼肉レストラン一心亭　十和田店（青森県／十和田市）

肉 焼肉レストラン一心亭　八戸店（青森県／八戸市）

肉 焼肉レストラン一心亭　おいらせ緑ヶ丘店
　　（青森県／上北郡おいらせ町）

イ Al-ché-cciano　アル・ケッチァーノ（山形県／鶴岡市）

他 「蔵王の森」がつくる美と健康の温泉宿　ゆと森倶楽部
　　けやき食堂（宮城県／刈田郡蔵王町）

他 フレンチポリネシアン・ブッフェ　Nesia
　　（福島県／いわき市）

他 ラティオ　4・2・2（福島県／いわき市）

関東エリア

自 うのしまヴィラ　CAFÉ&DINING 海音（茨城県／日立市）

他 とちぎ和牛　渡邊ファーム（栃木県／那須塩原市）

酒 Dining&Bar Cheers（埼玉県／さいたま市大宮区）

イ ベジバル　チバットリア（千葉県／市川市）

イ SALUS（神奈川県／横須賀市）

東京都内

銀座・日比谷・有楽町

イ YAMAGATA　San-Dan-Delo（中央区銀座）

羽田

カ GGG CAFÉ　〜Good Green Garden〜
　　（大田区羽田空港3）

他 羽田エクセルホテル東急　カフェ＆ダイニング
　　「フライヤーズテーブル」（大田区羽田空港）

渋谷

ア 水刺齋 渋谷ヒカリエ（渋谷区渋谷）

イ ボナペティートパパ笹塚（渋谷区笹塚）

原宿・青山・表参道

酒 野菜がおいしいダイニング　LONGING HOUSE
　　（港区北青山）

新宿・代々木

イ リストランテ・ベニーレベニーレ（新宿区新宿）

ア 水刺齋 タカシマヤタイムズスクエア（渋谷区千駄ヶ谷）

甲信越エリア

自 軽井沢ホテルロンギングハウス
　　野菜が美味しいレストラン（長野県／北佐久郡軽井沢町）

イ Trattoria Azzurri（新潟県／新潟市中央区）

カ カフェバー　レティス（新潟県／新潟市中央区）

東海エリア

洋他 ベーカリー・ブッフェ・ダイニング　シャンゼリゼ
　　（静岡県／浜松市中区）

和洋 健菜美食ビュッフェ　るびなす（静岡県／浜松市西区）

他 自然の薬箱　カフェ＆キッチン
　　（愛知県／名古屋市千種区）

洋 ちゃのまのごちそう（愛知県/岡崎市）
和 活粋食堂（愛知県/海部郡蟹江町）
カ 野菜と糀のカフェ　このはな（愛知県/みよし市）
カ Cafe KURUCLE（愛知県/小牧市）

近畿エリア

イ 欧食屋　Kappa（京都府/京都市下京区）
他 学校法人近江育英会　近江高等学校　学生食堂店
　　（滋賀県/彦根市）
イ Restaurant vodacoa（大阪府/大阪市中央区）
中 チャイニーズダイニング　HAIHAI TENZANKAKU
　　（大阪府/大阪市天王寺区）
肉 焼肉処　哲（大阪府/吹田市）
カ 旬のお野菜いっぱいのランチと紅茶のお店
　　森カフェ（大阪府/摂津市）
酒 ヘルシーオイル 創作バル　ふわり
　　（兵庫県/神戸市中央区）
イ Ristorante café　de ぺれっと（兵庫県/加古郡稲美町）

中国エリア

カ ＆ CAFE 華羅（島根県/雲南市）
自 Natural Buffet うさ八（岡山県/真庭市）
イ HIROSHIMA ITALIAN AO（広島県/広島市）

四国エリア

カ 和と菜coeur rire CAF`e（香川県/高松市）

九州エリア

カ the vege café Ms.（大分県/豊後大野市）
洋 レストラン　FLOUNDER（宮崎県/宮崎市）
和洋 旬・Dish　圓（宮崎県/東諸県郡綾町）
他 学校法人　日南学園
　　ポーツマスホール　p-café（宮崎県/日南市）
酒 やきとり大将（宮崎県/児湯郡新富町）

2024年2月末現在

日本野菜ソムリエ協会認定　青果店

都道府県	店舗名	所在地
北海道	らららマルシェ	河東郡音更町
栃木県	道の駅　どまんなか　たぬま　農産物直売所「朝採り館」	佐野市
東京都	築地　米金	中央区築地
	しむら青果	国分寺市
	のーかる BAZAR	立川市
千葉県	長塚青果	千葉市中央区
	菜果善　ペリエ検見川浜店	千葉市美浜区
神奈川県	横浜水信　ラスカ平塚店	平塚市
	横浜水信　本店	横浜市西区
	横浜水信　ラスカ小田原店	小田原市
	菜果善　新杉田店	横浜市磯子区
	菜果善　川崎店	川崎市川崎区
静岡県	有限会社　カネタツ	静岡市葵区
愛知県	やさいや　みかど	大府市
	あいち海部農業協同組合　GC津島店	津島市
	あいち海部農業協同組合　GC十四山店　菜々耕房	弥富市
大阪府	おかげ屋	高石市
岡山県	産直市場 ぼっけぇ～きて屋	倉敷市
山口県	道の駅萩往還 農産物直売所「菜々色マルシェ」	萩市
徳島県	喜多野安心市	徳島市

2024年2月末現在

●執筆協力
浅水美加子、大澤秀一、北川みゆき、クボジュン、久保田まゆみ、佐伯弥生、坂口もとこ、出口恭美子、
篠原絵里佳、鈴木和代、髙崎順子、田尻良子、寺田奈津江、戸田順子、富永裕子、
橋本哲弥、土方康子、藤崎弘美、宮地香子、持田成子、安武彩子、吉井謡子

●取材協力
岡本恵実、小川美樹子、小櫛香穂、小野寺淳、香月りさ、
髙崎順子、田中稔、中野明正、西村秋保、藤掛進、牧野悦子

●編集協力
有限会社ブライトン（海保まどか）

●写真協力
大井一範（P.43, P.61, P.69, P.85）
渡辺七奈（P.65）
菅原拓（P.51, P.77）
伊東武志（P.73, P.97）
鈴木正美（P.89）
千葉県（P.41 葉タマネギ）
株式会社サカタのタネ（P.45 ミニキュウリ、P.59 ミニハクサイ、サラダミニハクサイ）
タキイ種苗株式会社（P.53 滝野川ゴボウ、P.59 オレンジハクサイ）
千葉県匝瑳市産業振興課（P.53 大浦ゴボウ）
アグ・デ・パンケ農園（P.63 パープルアスパラガス）
近藤まさつぐ農園（P.67 ファースト）
山形県村山総合支庁産業経済部農業技術普及課（P.75 山形赤根ほうれんそう）
カネコ種苗株式会社（P.83 土垂）
日本バナナ輸入組合（P.87 ツンドクバナナ）
鳥取県商工労働部兼農林水産部市場開拓局食のみやこ推進課（P.93 なつひめ）

著者紹介
日本野菜ソムリエ協会

世界で唯一の「野菜ソムリエ」の認定機関として2001年発足。野菜ソムリエとは、日本野菜ソムリエ協会が認定する民間資格。野菜・果物の旬や産地、栄養のことから調理方法などの知識を得た野菜ソムリエは、"野菜・果物の魅力を伝えていくプロフェッショナル"として全国で活動している。日本野菜ソムリエ協会では、「日常的に食を楽しめる社会」、「農業を次世代に継承できる社会」を創造すべく、さまざまな取り組みを行っている。
http://www.vege-fru.com